Los 11 poderes del líder

Los 11 poderes del líder

JORGE VALDANO

conecta Más

Los 11 poderes del líder

Segunda edición en México: junio, 2018

D. R. © 2013, Jorge Valdano

D. R. © 2013, Penguin Random House Grupo Editorial, S. A. U.
Travessera de Gràcia, 47-49, 08021, Barcelona

D. R. © 2018, derechos de edición mundiales en lengua castellana:
Penguin Random House Grupo Editorial, S. A. de C. V.
Blvd. Miguel de Cervantes Saavedra núm. 301, 1er piso,
colonia Granada, delegación Miguel Hidalgo, C. P. 11520,
Ciudad de México

www.megustaleer.mx

ISBN: 978-607-316-669-0

Impreso en México – *Printed in Mexico*

El papel utilizado para la impresión de este libro ha sido fabricado a partir de madera procedente
de bosques y plantaciones gestionadas con los más altos estándares ambientales, garantizando
una explotación de los recursos sostenible con el medio ambiente y beneficiosa para las personas.

Penguin
Random House
Grupo Editorial

¿Estamos gobernando la globalización o la globalización nos gobierna a nosotros? [...] Es necesario revisar nuestra forma de vivir. El desarrollo tiene que ser a favor de la felicidad humana, porque ese es nuestro tesoro más importante.

PEPE MUJICA,
presidente de la República
del Uruguay, ante Naciones Unidas,
Río de Janeiro, 2012

Índice

Introducción

Fe en el deporte

Nací en un pequeño pueblo donde saber jugar al fútbol significaba mucho, para bien. Todos los días los chicos del barrio, después de comer y sin importar la edad, improvisábamos un partido en un descampado cercano a mi casa que el tiempo bautizó como «El campito de la iglesia». Aquel rito, sin excepciones, empezaba con los dos mayores jugándose a pies quién elegía primero para conformar cada equipo. Yo no tenía más de once años, pero, generalmente, me elegían a mí antes que a algunos amigos que tenían los «inalcanzables» catorce. Ni cuando fui citado para jugar mi primer Mundial me volví a sentir tan importante como entonces. En aquellos partidos improvisados, el fútbol me ayudó a ajustar el sistema de comunicación infantil y me enseñó nociones de superación personal, solidaridad, competitividad, reparto de papeles, trabajo en equipo, tolerancia, cultura del esfuerzo… De esa capacidad de aprender mientras juegas, nació mi confianza en el deporte como vehículo de formación.

Ha pasado mucho tiempo desde entonces pero mi pasión por el fútbol sigue intacta. Hoy siempre que miro un gran partido por televisión y el ojo inquieto de la cámara me lleva de los jugadores a los árbitros, de los entrenadores a los directivos, de los aficionados a los periodistas, me pregunto: ¿a quién le pertenece el fútbol? Confío en que a nadie en particular, porque cuando el poder se concentra, tiene el vicio de corromperse. Todos necesitamos sentirnos un poco dueños de este juego maravilloso, y el juego necesita que todos nos adueñemos un poco de él. Porque no hay que olvidar que, en el comienzo de todo, incluso del negocio, está su calidad de bien sentimental.

Solo queda confiar en que el juego «salvaje y sentimental» (una gran definición de Javier Marías) siga anteponiéndose a todos los intereses que lo cruzan, y mantenga viva su capacidad de inspirar los sueños de cientos de millones de personas, convertidas en niños por obra y gracia del juego. Sin olvidar que el fútbol profesional es solo parte de su incomparable hechizo. En este juego infinito siempre se abrirá paso el recuerdo infantil de aquellos partidos de barrio, donde la sensación de poder seguirá siendo una ingenuidad que tendrá que ver nada más y nada menos que con el mérito: el que mejor juega es el que más poder tiene.

El deporte como puente

Este es el libro de alguien que cree en el hombre, que tiene fe en el deporte y que mira el futuro con esperanza. Un idealismo mucho más saludable que el cinismo que proponen tantos profetas destructivos de estos días, capaces de cualquier aberración por ganar un partido, por hacer un buen negocio...

El fútbol es un juego tan poderoso que tiende puentes con la sociedad, con la cultura, con la comunicación y, como intentará demostrar este libro a través de múltiples ejemplos, también con la empresa. Mi intención es la de aprovechar experiencias del ámbito del deporte para hablar de liderazgo, trabajo en equipo, motivación y todo lo que agita a un equipo de alta competición.

Sé muy bien que el deporte no tiene fuerza suficiente para cambiar el mundo. No es su propósito. Sin embargo, tengo la certeza de que el deporte puede explicar al ser humano y, muy especialmente, aquellos estímulos que lo activan para superar sus desafíos. Todo juego de equipo convertido en espectáculo es un gran simulador de la vida que pone a prueba los límites individuales y el espíritu colectivo. También nuestros miedos. De una experiencia que nos pone con tanta naturalidad y con tanta frecuencia al borde mismo de la exageración, se vuelve siempre con conocimientos que pueden ser aplicables a cualquier ámbito.

Ya tenemos un lugar de encuentro entre el líder deportivo y el empresarial: los seres humanos sometidos a una fuerte presión.

En un entorno incierto, caracterizado por la rapidez del cambio, la complejidad de las organizaciones y la sensación de crisis perpetua, se necesitan personas ilusionadas con el entorno y con la mente abierta para saber adaptarse a esa constante mutación de los mercados, los productos, los consumidores. Todo se mueve a escala planetaria y a una gran velocidad en el ámbito del conocimiento aplicado a cualquier empresa humana. Hasta el punto de que somos muchos los que pensamos que estamos ante un cambio de civilización que pondrá a prueba la capacidad de adaptación de las próximas generaciones. Pero hay algo que permanece inmutable: las emociones.

El estado de ánimo

Por esa razón, desde que empecé a competir en el fútbol, repito como una letanía algo que empezó siendo una intuición y que el tiempo convirtió en una certeza: «Un equipo es un estado de ánimo».

La línea de investigación abierta por David McClelland (Universidad de Harvard), ya fallecido, y seguida por sus discípulos, con una base de datos de más de veinte mil ejecutivos de todo el mundo, ya le pone cifras a aquella corazonada. En primer lugar, concluyen que hasta el 30 por ciento de los resultados de un equipo se explican por la diferencia del clima de compromiso. Y en segundo lugar, nos dicen que entre el 50 y el 70 por ciento de ese clima de compromiso puede explicarse por los diferentes estilos de dirección, lo que pone en justa dimensión la importancia del talante de un líder.

De ese 30 por ciento es de lo que pretende hablar este libro, utilizando la fuerza y el atractivo del deporte. Muy especialmente del fútbol, devenido en las últimas décadas en la «religión laica» que nos anticipó Manuel Vázquez Montalbán.

Más datos inconcebibles. La Global Wolkforce Survey, dirigida por Towers Perrin, realizó más de noventa mil entrevistas a trabajadores de distintos niveles en dieciocho países. Se trataba de medir el nivel de compromiso en el mundo empresarial. El resultado hay que considerarlo como una calamidad. Un 21 por ciento de los empleados (¡solo una quinta parte!) se sienten comprometidos con su trabajo; esto es, están dispuestos a «hacer un esfuerzo extra» por su empleador. ¿Qué les pasa a los empresarios que no son capaces de conmoverse antes estos datos? Sencillamente, se dejan arrastrar por una inercia que el imperio de la burocracia consagró como la única posible.

Más les valdría empezar a reaccionar si no quieren terminar devorados por un clima funcionarial que lleva directamente a la destrucción. Ninguna empresa se cae por un precipicio por la desconexión emocional de sus empleados, pero esa carga rutinaria, tan poco estimulante desde un punto de vista personal, termina conduciendo a cualquier tipo de organización hacia la peor de las muertes: la lenta. ¿Por qué el deporte llegó antes a esta conclusión? Porque en el deporte los equipos son el producto, y los seres humanos, siempre manipulables, la única materia prima disponible. En cualquier ámbito empresarial se depende sobre todo de las personas; en el deporte, se depende únicamente de ellas.

¿A quién se le puede ocurrir no darles a las personas el valor determinante que tienen en la construcción de cualquier proyecto? A los que piensan en el hoy y desprecian el mañana; a los que deciden en términos de «más-menos» en lugar de «mejor-peor»; a quienes ven a los seres humanos como un insignificante tornillo de la maquinaria empresarial.

Napoleón atribuía la mitad de su genio como general al hecho de que era capaz de calcular con exactitud cuánto tiempo llevaría transportar una manada de elefantes desde El Cairo hasta París. La otra mitad, a que podía convencer a cientos de miles de individuos de que renunciaran a sus vidas para que lo ayudaran en su causa.

Detrás de la afirmación de Napoleón están los dos pilares de un líder: saber de cuestiones técnicas y de seres humanos. Con ese andamiaje podremos andar con toda seguridad por el camino más corto y decente hacia el éxito.

El líder es el equipo

El del fútbol es un mundo de grandes impactos emocionales en el que habitan los héroes de estos tiempos. Un mundo de tensiones primitivas que ponen a prueba miedos que buscan consuelo en ritos, supersticiones o, sencillamente, en un compañero. Un mundo de modernas presiones mediáticas, donde los periodistas multiplican los conflictos estirándolos como si fueran de goma. Un mundo en el que conviene estar preparado para la catástrofe emocional que acompaña a toda derrota, y a las no menos trágicas consecuencias que resultan de toda victoria. ¿La inseguridad que propone el fracaso o la vanidad que sigue al triunfo? ¿Qué destruye más la confianza? ¿Qué entraña más peligro? Depende del grupo, depende del líder. Luis Aragonés, que puso las condiciones tácticas y emocionales para hacer de la Selección Española («La Roja») un equipo campeón, suele decir que lo primero que hubo que desterrar «fueron los egos». Ya tenemos una pista. En el libro encontrarán más, porque al no haber dos equipos iguales, tampoco puede haber ni dos diagnósticos ni dos medicinas iguales.

En esa sociedad en miniatura que habita los vestuarios de cualquier equipo de fútbol está representada la humanidad. En esa intimidad, un alfabeto secreto va tejiendo afinidades que, en el mejor de los casos, producen un orgullo bien entendido, una firme solidaridad que se hace equipo en el campo. Si eso ocurre, descubriremos una seguridad individual que animará al atrevimiento, y terminará por producir un vínculo con el entorno que envolverá de confianza a los jugadores. Hay muchos términos claves que este libro irá desvelando a lo largo de sus páginas, pero pocas serán más importantes que la palabra «confianza». Porque cuanto mayor es la confianza, menor es el miedo.

Los entrenadores han ido conquistando cada vez más espacio en la estructura de poder de los grandes clubes. Porque gobiernan sobre jugadores que la sociedad ha entronizado como mitos; porque la opinión pública necesita individualizar el éxito y el fracaso, y porque suelen ser figuras carismáticas con todas las características del superviviente. Al fin y al cabo, hombres siempre al borde del peligro.

Cada entrenador es grande a su manera, pero todos son mayordomos de los jugadores, porque de ellos dependemos. Somos, quizá junto a los políticos, las mayores víctimas de la percepción que he conocido. Un entrenador está de pie, delante del banquillo, y es enfocado por la cámara de televisión. Si el equipo va ganando, nos parecerá inteligente, astuto, de algún modo invencible. Si el equipo ha recibido un gol, nos parecerá medio idiota por haberlo permitido. Entre una y otra imagen pueden haber pasado dos minutos y el entrenador, héroe o villano, puede no haber sido responsable de nada, porque el gol puede ser hijo de un fallo individual, de una genialidad indefendible o de un capricho del azar. El entrenador argentino Alfio Basile lo dice muy claro: «Cuando ganamos todos somos rubios de ojos azules; cuando perdemos, tontos y feos».

Pero es mentira que los grandes líderes son, solamente, los que están en el banquillo. ¿Cómo va a ser el eje del juego un personaje que se queda fuera de la cancha cuando empieza el partido? Cuando el fútbol llama a la acción, el entrenador delega y el futbolista actúa. Claro que el que piensa influye, pero démosle a los que actúan la importancia que merecen. Cada jugador tiene una poderosa influencia en el desarrollo del partido. Pero también en la conformación del grupo, cuando la convivencia se hace invisible para el gran público, el futbolista tiene una enorme responsabilidad en la consolidación moral de un equipo. Si todo debe sustentarse en las normas y en la disciplina, es porque ese equipo merece un dictador.

Todos los componentes de un club tienen una responsabilidad con el equipo. En su conformación o en su destrucción. Basta de considerar a los jugadores (o a los trabajadores en general) como fichas de un tablero. Todos ellos sienten y padecen, fortalecen o debilitan el rendimiento del equipo con su destreza técnica, su inteligencia táctica o su resistencia a la derrota. Todos, en distinta proporción, son responsables del resultado final.

El deporte como escuela

Pero la pregunta es: ¿qué hacen los líderes deportivos para crear un clima emocional positivo en cada partido? ¿En qué se diferencian unos de otros? ¿Por qué saben escapar de la rutina? Si tuviera que dar un primer consejo general, lo haría a partir de una experiencia interesante. En 1995 colaboré en un libro que titulamos *Liderazgo*. Para completar la reflexión, convocamos a un buen número de grandes empresarios y entrenadores de éxito a los que sometimos a una batería de preguntas. La idea era encontrar un común denominador que permitiera dar con una fórmula infalible. La experiencia nos llevó directamente a la desesperación. Entre aquellos personajes no existía ningún punto en común. Peor aún; algunos tenían cualidades opuestas y, sin embargo, habían llegado al mismo lugar: el éxito. Ya había abandonado toda esperanza de alcanzar una conclusión, cuando descubrí que aquello que los igualaba era la autenticidad. Ninguno impostaba la personalidad, sino que lideraban desde una profunda convicción, desde una seguridad casi enfermiza en su patrón de mando. Los grandes líderes creen en sí mismo por encima de cualquier receta, y desde esa fuerza interior transmiten y contagian. Claro que se puede copiar algún patrón de conducta, pero siempre que sea coherente con nuestra sensibilidad. De lo contrario, hay que aplicar la magnífica frase de Spencer Tracy: «Actuar está muy bien siempre que no te pillen haciéndolo».

Con independencia de estas evidencias que interactúan en todo equipo de alto rendimiento, todos tenemos nuestro punto de vista con respecto al ejercicio de un liderazgo constructivo, ético, socialmente ejemplar. Yo también.

He decidido clasificarlos en once poderes que fortalecen el día a día, pero miran al largo plazo con sana perspectiva. Porque el imperio último del líder se mide observando lo que deja como herencia. Ahí es donde se comprueba si su influencia fue constructiva o destructiva. Si es Mandela o es Atila.

Como si se tratara de una alineación de fútbol, me centraré en esos once poderes y en su influencia para poner al hombre en acción, dignificándolo.

No ignoro que se puede llegar a ser competitivo apelando a artimañas que movilicen las más bajas pasiones. Para eso se necesitan líderes con una cierta disociación moral. Personajes que tratan de disolver la razón agitando los sentimientos y de jugar con la peligrosa lucha maniquea entre el bien y el mal. Existen en el deporte (que tiene una indiscutible naturaleza sectaria), y también en el más frío mundo de la empresa. Pero esas recetas no las encontrarán aquí porque, sencillamente, las detesto. No hay obra que merezca la pena si su base de sustentación se construye sobre la infelicidad, el miedo o la denigración de las personas.

Estas reflexiones solo aspiran a poner en valor la normalidad y el sentido común para extraer lo mejor del ser humano. Pep Guardiola lo dijo así en una conferencia que impartió en Buenos Aires, antes de hacerse cargo del Bayern Munich: «El líder es aquel que hace mejor al otro». Efectivamente, el líder que a mí me interesa es una persona que influye sobre más personas para construir una sociedad mejor. Si la ecuación lleva a un resultado distinto, es lícito ponerlo todo en cuestión.

Aquí les dejo los once poderes que me parecen relevantes. Utilizo el fútbol para recrearlos porque es el medio en el que crecí, porque su protagonismo actual convierte a sus mejores actores en contraseñas universales y porque lo considero un excelente vehículo para llevar al hombre hasta las más altas aspiraciones y los más bajos anhelos.

1

El poder de la credibilidad

Para empezar a hablar, seamos éticos. Busquemos en el rico mundo del fútbol una imagen digna para iniciar este capítulo. Nadie mejor, para interpretarla, que un futbolista que es leyenda del Real Madrid y al que le sobra autoridad moral aunque solo sea porque regaba de sudor los campos que pisaba: Alfredo Di Stéfano. En cierta ocasión, mientras veíamos juntos un partido del Real Madrid, Alfredo se empezó a remover inquieto en el asiento ante la falta de participación de un jugador. Le ponía enfermo su escaso número de intervenciones en el partido y, como siempre ha sido su costumbre, comenzó a darle instrucciones desde su asiento con su innegociable acento argentino: «Pedila», «Mostrate», «No te escondás». Todo eso acompañado de alguna que otra descalificación porque no podía esconder su enfado. De pronto, su prodigiosa memoria rescató una lección que, desde entonces, guardo como la expresión más perfecta de lo que conocemos como vergüenza deportiva: «Cuando yo pasaba diez minutos sin tocar la pelota —dijo—, miraba a la tribuna y me preguntaba: "¿Qué estará pensando toda esta gente de mí?"». Si aquellos aficionados hubieran sabido lo que a Alfredo le pasaba por la cabeza en ese momento, con toda seguridad hubieran pensado de él que era un futbolista y una persona de los pies a la cabeza. Porque ahí empieza la ética: en el respeto al otro. Muchas veces la fuerza de la dignidad y de la credibilidad es más fácil encontrarla en historias así de pequeñas que, sin embargo, supieron construir leyendas así de grandes.

Del conocimiento a la integridad

Hay un tipo de credibilidad que resulta indiscutible: la que da el conocimiento. Al que sabe siempre se le respeta; el que sabe siempre capta la atención. Pero en este capítulo quiero poner el foco en otro aspecto igual o más importante: el de la autoridad moral. Un tesoro, una larga y minuciosa conquista que se construye durante años y que, sin embargo, se puede perder en un instante. La credibilidad es la consecuencia y la recompensa de una trayectoria impecable desde una perspectiva ética. Aprendemos emulando y solo se imita lo que se admira. Dicho esto, pocas cosas son tan dignas de ser admiradas como las conductas nobles. De ese delicado material está hecho el liderazgo moral. Tan delicado, hay que insistir, que basta con un solo traspié para que la confianza se haga pedazos.

No se trata de una condición laboral, sino de una característica personal. A nadie se le ocurriría pedir un aumento de sueldo por ser honesto. El entrenador argentino Marcelo Bielsa, con su obsesión ética como imprescindible bagaje personal, dice, y con razón, que los valores son universales y que no necesitan ser revalidados por los resultados para considerarse auténticos. Hace bien en aclararlo porque en el fútbol los resultados son un gran manipulador de la realidad. Si en cualquier profesión es difícil discutir con el éxito, en el mundo del fútbol resulta imposible. El que gana disimula todos los defectos y no necesitará ningún esfuerzo para que sus trampas, de producirse, sean consideradas como una prueba más de la singular inteligencia del entrenador. Pero aquellos que necesitan pruebas fehacientes de practicidad para darle valor a la cosas harían bien en atender los beneficios de la ética a medio y largo plazo. Hay evidencias claras de que, en países donde existe un mayor grado de confianza en las instituciones y en la integridad de los gestores, las posibilidades de éxito crecen exponencialmente.

Un monumento invisible

Si hablamos de dignidad, merece un homenaje el holandés Frank Rijkaard, que dio auténticas lecciones de deportividad cuando dirigió al F.C. Barcelona (2003-2008). Un entrenador respetuoso hasta la ingenuidad con el medio futbolístico en el que creció, educado hasta el martirio con los periodistas a los que padeció y resistente hasta el heroísmo en la defensa de la dignidad de su cargo. Pocas veces he visto a una persona que haya dado tanto y que, a cambio, haya recibido tan poco. La desproporción de la recompensa tiene que ver con el desgaste producido por la derrota al final de su ciclo. Pero, en mi opinión, fue precisamente el derrumbe de su proyecto lo que agigantó su figura. Su imagen en el Santiago Bernabéu el día que el Barcelona le hizo el pasillo al Real Madrid campeón de la temporada 2007/2008, de pie, erguido, aplaudiendo al rival por antonomasia del club al que él representaba, es un monumento a la dignidad. Monumento que no existe ni siquiera en el recuerdo del común de los aficionados porque el olvido devora a quien pierde. Mientras Rijkaard estuvo al frente del Fútbol Club Barcelona, honró los valores del deporte, respetó el estilo de su club y levantó dos Ligas y una Copa de Europa. Luego llegó la decadencia con toda su agresividad a cuestas. Pero jamás dejó de ser una persona honesta y un profesional impecable, dentro de un estilo personal poco ruidoso que nunca pretendió robar el protagonismo a los jugadores.

Más atrás en el tiempo, en el Real Madrid, Luis Molowny se manejaba con una discreción y una deportividad parecidas; no obstante, tuvo siempre la inteligencia de marcharse antes de que lo alcanzara el declive. Yo lo disfruté en uno de esos aterrizajes forzosos en el primer equipo (temporadas 1984/1985 y 1985/1986), y valoré mucho la nobleza de su estilo de dirección, del que hablaré más adelante.

Dividir el mundo en ganadores y perdedores es una tendencia que el fútbol ha incluido en sus códigos. Pero siempre hay que saber reconocer el esfuerzo de aquellos hombres que, en el éxito y en el fracaso, elevan la calidad ética del deporte y, por extensión, la calidad ética de la sociedad.

La credibilidad se alimenta de valores

La autoridad moral se construye con pequeños y discretos materiales. Como esa coherencia elemental que consiste en hacer lo que se dice que se va a hacer. O en la cultura del esfuerzo, que solo se desliza desde las capas más altas hasta las más bajas. O en recetas tan simples como la de exigirle al profesional, porque es un imperativo laboral, y respetar a la persona, porque es un imperativo moral. O en entender, y hacer entender, que los derechos son respetables pero que los deberes hay que respetarlos…

Todo esto no tiene importancia para aquellos que desprecian el futuro por la impaciencia de obtener beneficios a corto plazo, o para aquellos que se ven a sí mismos como predestinados y que anteponen su propio prestigio al de la empresa. O para los que pretenden fortalecer su poder pisoteando la dignidad y los derechos de su gente.

Cuando se está al frente de una organización, es imprescindible administrar un básico sentido de la justicia, y la justicia tiene un solo modo de premiar y de castigar: atendiendo a los méritos.

Lo contaré desde el defecto, apelando a una lejana anécdota de mi época de jugador. Un gran entrenador al que le perdonaré el nombre reunió a todos los jugadores después de un mal partido. Yo había sido suplente y, como el equipo no había respondido, tenía alguna esperanza de alcanzar la titularidad. El discurso del entrenador fue apocalíptico para todo el equipo, pero muy especialmente para el jugador que ocupaba mi puesto, al que acusó de no tener suficiente actitud, de ser poco aplicado con las instrucciones que había recibido y de haber completado una actuación «lamentable». A esas alturas yo ya me veía en el próximo partido con la camiseta de titular puesta, pero el entrenador cerró el discurso de un modo desconcertante: «Lo que ocurre es que usted sabe que es mi debilidad y que, juegue bien o mal, al siguiente partido va a seguir siendo titular». Como resulta fácil suponer, me quité de inmediato la camiseta imaginaria que me había puesto. Mi sensación fue que me la quitaba para siempre.

Una declaración de incondicionalidad es siempre una mala idea. Pero si de verdad se trataba de una debilidad y pretendía declararla para fortalecer la confianza de su mejor delantero, debió hacerlo en privado. Porque desde el mismo momento en que lo hizo público, a los que luchábamos por un puesto en esa posición nos quitó toda esperanza de hacer útil nuestro esfuerzo. No me considero una persona rencorosa, pero han pasado varias décadas desde aquel episodio y, como pueden comprobar, no se me ha olvidado. La razón es muy simple: tenemos muy buena memoria para los actos de injusticia.

Ganar también debe ser un triunfo moral

Es imposible que disfruten del proceso aquellos que aspiran a ganar de cualquier modo. Gané: soy feliz. Perdí: soy infeliz. También la sociedad suele ser cruel y cambia su mirada en función del resultado. Perdió: lo culpo. Ganó: lo perdono. Aun con el peso de esta evidencia, debemos entender que el camino que se elige para acceder al éxito tiene que ser noble y, a ser posible, seductor. ¿Cómo no valorar, en el juicio final, los recursos empleados para alcanzar el triunfo? Ganar debe ser una aspiración que comprometa a todas las fuerzas de nuestra personalidad. No hay duda sobre ello cuando hablamos de un juego competitivo. Pero cuando la aspiración de jugar es superada por la de ganar «a cualquier precio», se termina barriendo con todos los valores de referencia. He sido testigo, en muchas ocasiones, de cómo esa desesperación trastorna a gente en apariencia inteligente hasta límites inconcebibles. Cuando se cae en esa cobardía moral, es imposible recuperar la credibilidad del liderazgo.

En España, los agrios clásicos disputados entre el Real Madrid y el F.C. Barcelona estuvieron a punto de romper la magia de la Selección Española en medio de sus grandes triunfos internacionales. Bastó con que Iker Casillas y Xavi Hernández hablaran por teléfono para reconducir la estupidez de ese extravío hacia el sentido común para que el fútbol recuperara su integridad. El abrazo entre los dos futbolistas se prolongó hasta la obtención del Premio Príncipe de

Asturias a la Concordia. La firma de la paz en ningún momento hizo que se resintiera la competitividad, que es propia de la extrema rivalidad en todos los Madrid-Barça. Casillas y Xavi se matan defendiendo a sus respectivos clubes y, cuando termina el partido, se dan la mano. No parece que ese gesto encierre una traición a sus respectivas patrias futbolísticas. Lo que sí lleva implícita esa actitud es un mensaje de sana deportividad que no viene nada mal en tiempos de crispación.

Si para ganar vale todo, para justificar el triunfo también. De modo que cuando perdemos de vista los valores, no solo se pone en peligro el juego, sino que también se prostituye el debate. Cuidado, porque si aceptamos la famosa frase «hay que ganar como sea», no estaremos lejos de proclamar «viva la corrupción».

En el mundo de la empresa, por las consecuencias sistémicas de la economía global, y en el mundo del fútbol, por las infinitas ramificaciones mediáticas de cualquier palabra o anécdota, las conductas amorales se propagan como una peste. Solo una ética excepcional puede estar a la altura de un peligro también excepcional.

La responsabilidad de los deportistas en este punto es muy importante desde el momento en que su condición de héroes los convierte en modelos de conducta. ¿Cómo no va a resultar influyente el ejemplo de hombres admirados por millones de niños en todo el mundo? Los ídolos de masas tienen que saber que las buenas acciones son tan contagiosas como las conductas amorales.

La credibilidad tiene que cumplir con los más elementales códigos éticos, pero dentro de una organización con proyección mediática, pasa a convertirse en un ejemplo que mucha gente, y sobre todo los jóvenes, llevarán a sus modos de vida. ¿Cómo no exigirles a los clubes de fútbol, con la importancia social que han adquirido, unas normas de comportamiento que resulten edificantes?

Vivimos en un momento en el que la gestión de grandes entidades deportivas es un gran centro de interés público. La misma obligación le cabe a toda empresa que quiera ser influyente y aspire al compromiso social. No para fortalecer el márketing, sino desde una sana convicción altruista. Hay que sospechar siempre de aquellas personas o empresas que tienen la tentación de convertir la ética en un soporte publicitario. En época de crisis, la sociedad abomina de los oportunistas y codiciosos, y gira la mirada de un modo natural hacia modelos de comportamiento transparentes, respetuosos con las elementales leyes de la buena conducta y libres de excesos. Aunque solo sea por nuestro interés en ser reconocidos como una organización ejemplar, el radar de la conciencia de los grandes líderes debe estar siempre activado. Solo aquellas organizaciones que convierten la ética en uno de sus pilares fundamentales estarán fomentando un ambiente de confianza, responsabilidad y respeto que, a la larga, será un indiscutible potenciador del éxito.

Y el ganador es… ¡Colón!

No siempre es así. Hay quienes exhiben sus carencias éticas, conscientes de que forman parte de un contexto que prestigia más la picardía que la honestidad. Lo peor que se puede hacer con este tipo de personajes es reírle las gracias.

Hace relativamente poco tiempo (en todo caso, ya en el siglo XXI), el ministro de Educación de una provincia argentina invitó a un prestigioso entrenador para que expusiera «su punto de vista sobre el deporte» a un grupo numeroso de escolares premiados por distintos méritos académicos. El ministro dio por descontado que el popular entrenador hablaría de un tema esencial para la gente joven: los valores. El invitado, tratándose de una convocatoria de cariz educativo, empezó midiendo el nivel cultural de la audiencia con una pregunta accesible:

—¿Quién descubrió América?

Los niños, estimulados por la fácil pregunta y por la presencia de un hombre tan famoso, tronaron la respuesta:

—¡COLÓÓÓÓÓÓÓÓÓN!

El entrenador quedó contento con el resultado y siguió adelante, esta vez elevando el grado de dificultad.

—¿Y quién llegó segundo?

Los niños no estaban preparados para tanto rigor y se empezaron a mover incómodos en sus asientos. Uno dijo, en voz casi imperceptible: «Pinzón», pero le faltó seguridad y no encontró ningún eco. El entrenador estaba encantado porque esa ignorancia encajaba a la perfección con su teoría:

—¿Ven? Solo nos acordamos de los que llegan primero. Por eso yo digo que lo único importante es ganar.

Al sagaz entrenador solo le faltó decir que Pinzón debió matar a Colón para ser reconocido por la Historia. El ministro de Educación lo suele contar sin lograr salir de una duda trascendental: reír o llorar. Yo elegiría llorar porque, hay que insistir, reír estas gracias es una irresponsabilidad que nos convierte en cómplices.

No hay grandeza sin ética

¿Cómo no considerar la ética como parte esencial del liderazgo? Los deportistas son responsables de sus ejemplos, pero todos los grandes líderes tienen que responder por sus actos. La egolatría o la codicia pura y dura han llevado a la humanidad hasta el absurdo de hacer convivir fortunas obscenas con millones de personas que se mueren de hambre. Los privilegiados, en su gran mayoría, permanecen indiferentes al drama que eso supone. ¡Y en muchos casos pretenden ser referentes! Están tan alejados de la realidad, tan aislados de las consecuencias morales de sus acciones, que no les avergüenza enriquecerse pisoteando derechos y personas como si fueran escalones útiles para su ascenso triunfal. El economista Jeffrey Sachs, en *El precio de la civilización*, lo dice así: «Bajo la crisis económica americana subyace una crisis moral: la élite económica cada vez tiene menos espíritu cívico». Una manera educada de tratar a auténticas mafias que hacen pagar sus deslices a millones de indefensos.

La amoralidad es una peste que no solo ataca el mundo de los negocios. En el panorama científico, donde se supone que el rigor es una cuestión medular, los fraudes en materia de investigación se han multiplicado por diez en los últimos años. Ahí están otra vez la soberbia y la voracidad luchando por recibir un reconocimiento. No importa el ámbito: donde habita el hombre, esas debilidades ponen en peligro la integridad de una empresa. Ciencia, empresa, política y también deporte… Nadie quiere jugar en desventaja y como todo el mundo da por supuesto que el rival, si puede, está dispuesto a hacer trampas, se termina cayendo en corrupciones que empiezan siendo pequeñas pero que, si quedan impunes, el tiempo va agrandando hasta resultar escandalosas. Un líder deshonesto hace peores personas a todos los que le rodean.

Ética: la acción y el discurso

El 7 de enero de 2012, Vicente del Bosque recibió el Balón de Oro de la FIFA como mejor entrenador del año. Un premio merecido y dignificado por un discurso que reparó en lo que nadie repara: «Dejo una pequeña reflexión —dijo Del Bosque—. Todos los que estamos en el fútbol y sentimos fascinación por él queremos ganar, pero estamos obligados a defender el fútbol, cuidarlo, mimarlo, trasladar la mejor ética y conducta personal». Bien dicho. La defensa de nuestro equipo, por muy apasionada que sea, no autoriza a poner en peligro la decencia del fútbol. «La pelota no se mancha», dijo Diego Maradona el día que se despidió del fútbol en calidad de jugador. Quizá la primera lección que debería recibir un directivo de fútbol debiera ser la siguiente: el fútbol es más importante que mi equipo. De seguirse esta regla, el largo plazo está asegurado.

El fútbol ha resuelto problemas de violencia flagrante porque los protagonistas se sienten vigilados por el infinito ojo televisivo. De modo que muchos jugadores moderaron su conducta por el temor de ver dañado su prestigio y no por efecto de una mayor madurez ética. Porque, con el tiempo, jugadores, periodistas y hasta aficionados nos hemos vuelto más laxos a la hora de aceptar las simulaciones de penaltis, los descarados agarrones en el área, la deslealtad contenida en la petición de tarjeta a un colega o las faltas tácticas que, en el colmo del cinismo, hemos acordado en llamar «faltas inteligentes». Por no hablar de los casos de dopaje, de partidos cuyos resultados se deciden en despachos o de jugadores implicados en casos de apuestas. Otra vez el fútbol, juego que forma parte de «otra realidad», como perfecto simulador de la realidad pura y dura. Se trata de denunciar, de poner en evidencia, de ser serios, de no permitir la impunidad.

No soy inocente. «La mano de Dios», bautismo que le puso aún más ingenio a la colosal picardía de Maradona frente a Inglaterra en el Mundial de México 1986, es un símbolo de los eufemismos que empleamos para disfrazar conductas difíciles de defender desde un plano ético. La definición fue tan genial como el gol porque no intentaba más que subrayar la justicia de la acción. Para un argentino, la regla violada no era más que un castigo que Inglaterra merecía y, por lo tanto, quedaba ampliamente justificada. El gol nos ponía ante una contradicción ética porque por un lado transgredía la regla, pero por otro nos ponía ante un concepto moral: la justicia. Las heridas de la guerra de las Malvinas estaban todavía demasiado frescas y el del fútbol era el territorio perfecto para compensar aquella humillación patria. Pero ¿qué habría pasado si Diego hubiera sacado al árbitro del error? Podemos imaginar todo tipo de consecuencias. Que la Argentina más ultra no se lo habría perdonado nunca. Que habríamos puesto en peligro la brutal alegría de ganarle a Inglaterra y, más tarde, de ser campeones del mundo. Incluso que Maradona sería menos ídolo de lo que es hoy. O, quizás, un acto de tal entidad hubiera contribuido a hacer un país mejor porque la fuerza simbólica de episodios tan potentes puede llegar a modificar una sociedad. Lo digo veinticinco años después y considerándome cómplice de aquel célebre acontecimiento porque si no fui el primero, seguramente fui el segundo en llegar a abrazar a Maradona tras el gol.

Seducir con la ética

Siempre he creído que ponerse al servicio de una idea noble y ser liderados por un entrenador que aspire a la grandeza es un privilegio con una enorme fuerza motivadora. He admirado, como jugador, la singularidad del discurso de César Luis Menotti. Salir a jugar un partido para «defender la dignidad de la historia del fútbol de nuestro país», para «respetar nuestros propios sueños y las ilusiones de la gente que nos quiere y admira», pero también como «expresión artística de las clases menos favorecidas», como «un modo de vida llevado al juego», como «manifestación de valentía y nobleza». Cada una de esas frases exalta el orgullo, el aprecio por las cosas bien hechas, la digna representatividad. ¿Cómo no se va a sentir compromiso cuando defendemos valores que nos dignifican como seres humanos? Sin grandeza en el discurso, es muy difícil alcanzar la grandeza de conducta y hasta la grandeza en el juego. El fútbol es un juego infinito en el que cabe toda la complejidad humana, desde los grandes valores hasta las más pequeñas miserias. Que entrenadores que son auténticos maestros de vida ayuden a iluminar la parte más noble del juego servirá para mejorar, primero, a los hombres que juegan, después al juego mismo y, finalmente, a todos aquellos a los que arrastra la pasión por el fútbol.

Tengo a Marcelo Bielsa por un héroe de este particular apartado. Sí, héroe. Porque cuesta mucho trabajo ser un tipo honesto serial cuando la «picardía» propone atajos muy tentadores hacia el éxito. Atajos que, ya quedó dicho, en muchos casos son festejados por buena parte de la opinión pública. Sus equipos, en las buenas y en las malas, son generosos, atrevidos, respetuosos con el reglamento. En cuanto al discurso de Bielsa, suele ser brutalmente sincero. No tiene ningún problema en catalogar de «injusto» un buen resultado porque «prefiero el desprestigio a la mentira». O en hacerse responsable de un mal resultado porque «no supe interpretar correctamente las señales del partido». Qué lejos están estas actitudes de la de aquellos que se apropian de los éxitos y asignan el fracaso a los demás.

Cuando hablamos de Bielsa, lo hacemos de un hombre que, después de haber zarandeado a un trabajador al que acusó de falta de profesionalidad, convocó una rueda de prensa para reconocer que se había comportado «como un salvaje» y, tras pedir públicamente perdón, se dirigió a la Ertzainza (la policía autonómica del País Vasco) para autodenunciarse. Los agentes todavía no salen de su asombro. Ya dije que existen muchas maneras de seducir. Pero seducir con la ética es la más difícil y valiosa. Aunque a veces, como pueden apreciar, resulte algo extravagante.

Son las grandes ocasiones las que marcan las pautas de la auténtica personalidad de un conductor. Pep Guardiola se hizo cargo del primer equipo del Barça contando con una experiencia mínima: la de haber sido entrenador durante un año en el Barça B de Tercera División. Debutó en la Liga con una derrota frente a un rival modesto, el Numancia. En su segundo partido empató en el Camp Nou contra el Racing de Santander. En las dos ocasiones había apostado por un juego ofensivo, en todo caso atacando más de lo que estábamos acostumbrados a ver. Pero en situaciones así, la falta de antecedentes crea un clima de nerviosismo en eso que el barcelonismo conoce como «el entorno». El periodismo empezó a hablar de exceso de juventud, de falta de experiencia y hasta hubo quien llegó a decir que el Barça había cometido un error histórico contratando, de entrenador, a quien solo tenía grandes antecedentes como jugador. Es comprensible; es lo que hubiera concluido cualquier escuela de negocios que se precie. En el tercer partido del Campeonato de Liga, Guardiola y su Barça se lo jugaban todo contra el Sporting de Gijón. Y Pep dobló la apuesta. Jugó tan ofensivo como siempre y además insistió en darle la dirección del equipo a Sergio Busquets, que había debutado una semana antes y que, hasta entonces, solo había jugado en Tercera División y disputado algunos partidos menores en la Copa Cataluña. Frente al Sporting, el equipo marcó seis goles y el Barça encontró una senda triunfal que no abandonaría en toda la temporada. Pero Guardiola ganó algo más ante sus jugadores: credibilidad. Pep dejó claro que sus convicciones estaban muy por encima del miedo al resultado. Demostró valentía, un valor indiscutible que llevó como bandera en los siguientes cuatro años. Si el entrenador es valiente y tiene autoridad moral sobre el equipo, el grupo entero será valiente. Guardiola dio pruebas constantes de coraje táctico durante su brillante período en el Barça, pero marcó la pauta aquel día en Gijón. Desde entonces, no hay dudas acerca de las convicciones de Pep. Incluso cruzaron el océano. Su última visita a Buenos Aires terminó en una cena con César Luis Menotti. Guardiola se mostró cauto con respecto a su futuro porque el Bayern Munich, su próximo equipo, lo estaba ganando todo. Menotti lo tranquilizó: «Tranquilo Pep, que cuando abras la puerta del vestuario y digas: "Buenos días", todos los jugadores ya sabrán a qué tienen que jugar». Exacto, el que se gana la credibilidad ahorra palabras.

Excelencia y mediocridad siempre chocan

Fueron muchos quienes atacaron a Guardiola, desmereciendo sus catorce títulos con el F.C. Barcelona y afeando su exquisito comportamiento, por la sencilla razón de que en el fútbol hay trincheras con distintos colores (no olvidemos que se trata de un juego sectario) y de que el éxito a gran escala es difícil de perdonar. Como no encontraron ninguna acusación concreta que hacerle, porque en sus comparecencias públicas se equivocó muy poco, decidieron que era un hipócrita que no manifestaba lo que de verdad sentía. De modo que no tenía salvación: si no era por obra era por pensamiento, pero siempre culpable.

Hay otra forma de verlo. Por supuesto que no habrá dicho en público aquello que pensaba en privado. Lejos de ser censurable, es precisamente esa contención lo que debe resultar admirable. A sus críticos no se les ocurrió pensar que lo hacía por sentido de la responsabilidad y para no dañar, desde su cargo, la imagen institucional. En el fútbol existen el juego y el debate sobre el juego. En un medio de tan alta emotividad, lo segundo, en ocasiones, es tan o más importante que lo primero. Octavio Paz lo decía así: «No se sabe qué se corrompe primero, si la realidad o las palabras». En todo caso, conviene estar precavido porque en los dos campos juegan la ética y la responsabilidad.

Es obvio que no solo los protagonistas marcan pautas de conducta. También los medios de comunicación tienen una obligación sustancial en la toma de posición de la opinión pública. Hay periodistas que cuentan el deporte de un modo superficial, entreteniéndose en lo aparente, empantanándose en lo polémico, recogiendo del futbol solo aquello que hace ruido y que el siglo XIX conocía como «bajas pasiones». Y existen aquellos que observan la profundidad de la tendencia, que descubren la metáfora de la vida que destila todo deporte y resaltan la dimensión moral del juego. Son los que utilizan el deporte para hablarnos de las grandezas y las miserias humanas. No hay comparación posible entre unos y otros. Son dos mundos distintos. También los líderes merecen esa diferenciación: algunos están hechos para hacer ruido, y otros, para hacer historia.

La pregunta es: ¿qué buscamos, sino la perfección, en el intento de mejora permanente al que está obligado todo profesional? Hay mucho escrito sobre el tema, pero coincido con Robert L. Simon, filósofo del deporte y escritor, cuando dice que «hay que considerar los deportes competitivos como una búsqueda de la excelencia a través del reto».

Lograrlo es muy difícil, pero intentarlo debe ser obligatorio. Luis Aragonés y Vicente del Bosque lo hicieron con grandes recursos humanos en la Selección Española (basta con nombrar a Iker Casillas, Sergio Ramos, Xabi Alonso, Sergio Busquets, Xavi Hernández, Andrés Iniesta…), otros entrenadores lo intentan día a día con más limitaciones y son igual de admirables. Sobran los ejemplos y, habiendo muchos, no los nombro por miedo a cometer olvidos. Siempre que se haga desde la honestidad, la responsabilidad y la valentía, la admiración hacia estos profesionales tendrá una base moral; esto es, tendrá una base duradera.

Ideas clave

La credibilidad es una condición personal que cuesta mucho conseguir y poco perder. Lo que ayuda a construir eso que llamamos autoridad moral es tener una pasión humanitaria que nos permita entender que, antes que con profesionales, tratamos con personas dignas de respeto y que merecen un trato honesto.

Un líder justo le da a cada cual lo que le corresponde, creando las condiciones adecuadas para que el mérito sea premiado y el demérito castigado.

Todos aspiramos a ganar, pero es esencial que los recursos que utilicemos sean nobles para que los valores de referencia se mantengan siempre como sostenes de la cultura corporativa.

Pero los líderes no solo son responsables de sus actos, sino también del debate que los pone en contexto. La gente reclama cada vez con más firmeza conductas y discursos transparentes. Por esa razón la versión de los hechos, lo que hoy conocemos como «el relato», se convierte en algo tan relevante como los mismos actos.

No olvidemos que ha sido la codicia lo que ha devastado el Estado del bienestar. La ambición enfermiza de unos pocos la tienen que pagar millones de personas. Razón suficiente para entender la ética no solo como el arma de seducción más poderosa y noble del buen líder, sino como el primer imperativo de estos tiempos turbulentos.

2

El poder de la esperanza

Dice un refrán japonés que «es mejor viajar lleno de esperanzas que llegar». La frase tiene la virtud de ayudarnos a entender la importancia de ponerle ilusión al camino.

Ítaca o el camino

El viaje importa mucho. En el poema «Ítaca», de Konstantino Kavafis, está expresado del modo más preciso y hermoso:

> Si vas a emprender el viaje hacia Ítaca,
> pide que tu camino sea largo,
> rico en experiencias, en conocimiento...

En este poema, fechado en 1911, Kavafis hace referencia al mítico viaje de la *Odisea*, una de las obras más importantes de Homero, donde se narra el regreso de Ulises a su patria, Ítaca, tras la guerra de Troya.

Ítaca, en la cultura de Occidente, significa meta, llegada, logro. El poema, sin embargo, pone el énfasis en el propio recorrido, un camino que debe estar abierto a todas las experiencias que constituyen la vida.

Solo al final, el poema repara en el propósito del viaje: «Ten siempre a Ítaca en la memoria. Llegar allí es tu meta. Mas no apresures el viaje…». Y, más adelante: «Ítaca te regaló un hermoso viaje. Sin ella el camino no hubieras emprendido». Es decir, la meta es el gran pretexto para echar a andar.

Ítaca y el fútbol

Ni Homero ni Kavafis podían imaginar que terminarían prestando su literatura al áspero y apasionante mundo del fútbol. Pero en estos tiempos de conectividad todos los puentes son posibles. Traigo del capítulo anterior la idea de que no se trata de ganar de cualquier forma, sino de acumular méritos suficientes para poder triunfar. No importa si hablamos de partidos o de dinero, de fútbol o de empresa. La frase tiene el mismo valor para estos dos ámbitos. Se trata, en definitiva, de dignificar el camino para sentirnos felices y orgullosos del desenlace.

El camino está hecho de triunfos y derrotas, de alegrías y tristezas, de críticas elogiosas y devastadoras... Según sepamos enfocarlo, puede ser un sinvivir o un continuo aprendizaje del que podamos salir enriquecidos. Una Liga constituye un reto de casi un año en el que es necesario salir a jugar antes que salir a ganar. Si solo se piensa en el resultado, agigantamos tanto la meta, que despojamos al viaje de toda perspectiva.

El fútbol, en cuanto territorio eminentemente emocional, es muy expresivo en este sentido. Todo partido tiene un misterio que desvelar, el del resultado, y esa incertidumbre nos lleva, en ocasiones, a venderle nuestra alma al diablo. Lo cambiamos todo por ganar. Pero si somos aficionados a los que solo nos importa el resultado, basta con preguntarse: ¿Para qué molestarnos en mirar el partido? ¿Para qué pagar una entrada? ¿Para qué sufrir? A los que juegan y a los que miran, hay que hacerles entender que el éxito debe ser la consecuencia de un proceso en el que se emplean los mejores recursos y en el cual la acción intenta alcanzar a la esperanza. Siempre hay que tener presente que sin un propósito grande, no hay una victoria grande.

El viaje que inventó Lippi

La esperanza genera ilusión, y la ilusión es un incomparable energético para un equipo de alto rendimiento. Un buen líder tiene que intervenir con ingenio frente a una mala situación, y para eso, como veremos en otro capítulo, es muy valioso el poder de la palabra. Siempre existe el modo de convertir un problema en una oportunidad. Basta con inventar un cuento donde la esperanza encuentre sentido.

Inventar un relato es lo que hizo Marcello Lippi, entrenador de la Selección Italiana en el Mundial de Alemania 2006. Aquella selección partió hacia el Mundial inmersa en uno de los mayores escándalos de corrupción de la historia del fútbol. Una trama que fue conocida como «Calciopoli» y que comprometía a un personaje central del fútbol italiano: Luciano Moggi, representante de muchas grandes figuras y, al mismo tiempo, director general de la Juventus de Turín. Al final del camino, Moggi sería condenado a cinco años y cuatro meses de prisión y suspendido de por vida como dirigente deportivo. Pero a su alrededor quedaron comprometidos, o bajo sospecha, decenas de personas: árbitros, jugadores, directivos, entrenadores… Un caos convertido en un desagradable espectáculo periodístico que, en vísperas del Mundial, acompañaba como una pesadilla a la selección «Azzurra». Lejos de disimular que se hallaba al frente del equipo que representaba a un país que había manchado la imagen del fútbol, Lippi reunió a la plantilla para decirles que Italia había perdido toda su credibilidad y que le costaría años recuperar el respeto del mundo del fútbol. Pero, consciente de que al ganador se le perdona el pasado, afiló su discurso con una carga de profundidad: «El fútbol italiano solo tiene una posibilidad de revertir la situación: que este equipo sea campeón del mundo». Lo que era un motivo de vergüenza y seguramente de desaliento para un grupo de deportistas de alto nivel que estaba ante el desafío de su vida, se convirtió en una motivación trascendente. De pronto, la inteligencia de Lippi supo transformar a sus jugadores en salvadores de la patria futbolística. Una buena razón para dejarse la vida en cada minuto de cada partido. Y así fue como un equipo que no era ni la primera ni la segunda ni, quizá, la quinta mayor suma de talentos futbolísticos de aquel Mundial terminó levantando la Copa del Mundo. Cuando el esfuerzo es empujado por la ilusión, ya no se llama esfuerzo, sino desafío.

También, en la Eurocopa de 2012, Italia protagonizó un episodio parecido. Esta vez el escándalo tenía que ver con las apuestas, y el fenómeno reactivo llevó a la selección hasta la final, ganada de modo brillante por España. Empieza a dar la sensación de que los escándalos del fútbol italiano no son más que un recurso para provocar una respuesta que ayude a activar un singular efecto motivador en los jugadores.

Sueños y optimismo son amigos

Siempre fui partidario de los sueños. *Sueños de fútbol* (Carmelo Martín) es una autobiografía autorizada sobre mi vida deportiva que, ya desde el título, habla del sueño como un motor que acelera las ambiciones más nobles. El sueño no es más que un ideal que nos llama desde lejos y que nos convoca para el esfuerzo y el reto. Renovar los sueños es renovar el sentido de la vida, y no hay mejor modo de desafiar la rutina. El líder tiene el privilegio de ser el dueño de un sueño colectivo que debe ser lo suficientemente atractivo como para seducir a toda una organización. Un sueño generoso, en el que quepan todos. El lenguaje empresarial lo ha rebautizado con la palabra «visión», para despojarlo de toda sospecha romántica. Da igual el nombre, lo importante es inventar un lugar de llegada atractivo que nos ayude a hacer más estimulante el día a día y que le dé sentido al viaje. En todo caso, hablo de los sueños como el territorio que habita un inconformista, no un iluso. El que tiene sueños tiene esperanza.

La esperanza también apuntala el optimismo, otro alimento de primera necesidad para la larga y empinada ruta que lleva hasta la consecución de objetivos. Eso no significa ni vivir fuera de la realidad ni hacernos propósitos insensatos, como ese pobre hombre que venía cayendo de un piso 25 y al que cuando pasaba por el 12 se le oyó decir: «De momento, vamos bien». Lo digo porque en ciertos libros de autoayuda uno sale con la creencia de que si es optimista ganará más partidos, cerrará mejores negocios y, de paso, ligará más. Los lectores salen a la calle con una sonrisa de oreja a oreja, pero descubrirán muy pronto que la receta está lejos de ser infalible.

En *Una mente feliz*, Elaine Fox pone el optimismo en su sitio: «La predisposición al optimismo no solo consiste en mostrarnos felices y alegres, sino que más bien guarda relación con el hecho de albergar esperanza en el futuro, un convencimiento de que las cosas van a salir bien y una fe inquebrantable en que podremos lidiar con todo aquello que nos depara la vida».

Quienes vuelcan su negatividad sobre cualquier proyecto deben saber que están dañando la ilusión de una organización entera. G. C. Lichtenberg lo decía así: «He mirado la lista de enfermedades y no he encontrado en ella las preocupaciones ni los pensamientos tristes: es una gran injusticia». El proceso que completan los optimistas que tienen los pies en el suelo es el inverso. A su alrededor se hace más fácil el esfuerzo porque en un ambiente positivo se activa la profesionalidad.

Las pruebas científicas de que esas dos actitudes hacia la vida y la actividad laboral ofrecen ventajas (en el caso del optimismo) y desventajas (en el caso del pesimismo) son abrumadoras. Los libros que lo cuentan, también.

Carlos Salvador Bilardo, amigo de soluciones concluyentes incluso en el terreno anímico, solía decir que cuando él se sentía mal, visitaba un hospital y, si seguía mal, visitaba un cementerio. En el juego de las comparaciones siempre salía fortalecido. Bien mirado, todo pasa por la famosa percepción, y educarla es un problema de disciplina mental. El optimismo y el pesimismo no son más que distintas miradas sobre una misma cosa.

El líder positivo tiene la capacidad de revertir el enfoque. La primera vez que tuve ocasión de comprobar ese talento fue en Toulon, Francia, cuando no tenía más de dieciocho años. Era la primera vez que pisaba Europa para jugar el Campeonato del Mundo Juvenil que anualmente se disputa en esa ciudad gala. Nos dirigía César Luis Menotti. Algunos ya teníamos cierta experiencia en Primera División, pero todos estábamos rompiendo el cascarón del profesionalismo. En un tiempo tan ajeno a la tecnología, el viaje era un continuo descubrimiento. Un día fuimos a ver a la Selección Alemana, posible rival, y sus jugadores nos parecieron superhombres. El fútbol europeo nos intimidaba por su velocidad y su fortaleza física, y Alemania, desde la misma presencia, confirmaba esa leyenda. Nadie decía nada, pero mirábamos aquel espectáculo físico con cierto complejo de inferioridad. Sin embargo, Menotti se mantenía tranquilo, y si el líder está tranquilo… De pronto, uno de los jugadores más atrevidos, de aspecto más frágil y de origen más pobre rompió el silencio para decir, resoplando: «César, los alemanes son fuertísimos». «¿Fuertes? —contestó Menotti con unos reflejos inolvidables—. No diga bobadas. Si a cualquiera de esos rubios lo llevamos a la casa donde usted creció, a los tres días lo sacan en camilla. Fuerte es usted que sobrevivió a toda esa pobreza y juega al fútbol diez mil veces mejor que estos tipos». Esa maravillosa contundencia con la que Menotti resolvió nuestras dudas cambió totalmente mi percepción y, supongo, la de todos los que escuchamos aquel comentario. Simplemente, los europeos dejaron de asustarnos.

Encontrar razones para la ilusión es parte del secreto de la felicidad. A veces las cosas pequeñas se convierten en importantes dependiendo de nuestra situación. En un interesante documental de Canal + le oí decir a Philippe Pozzo, tetrapléjico desde 1993 por un accidente de parapente e inspirador de la exitosa película francesa *Intocable*, que «lo bueno es el café de la mañana cuando te levantas. No podemos olvidar el café de la mañana; si no, vamos por mal camino». Claro que sí, el café de la mañana le da la bienvenida al día y ese acto inaugural de algo tan trascendente como la vida cotidiana debería ser nuestro primer episodio consciente de optimismo, de fe en que lo que resta del día merece la pena.

El negocio de la ilusión

No hace mucho tiempo asistí a una conferencia de David Konzevik, prestigioso pensador argentino radicado en México, en la que decía que «el arte de gobernar en una dictadura es el arte de manejar el miedo» y que «el arte de gobernar en una democracia es el arte de manejar las expectativas», y señalaba al brasileño Lula da Silva como el gran maestro de la esperanza y eximio administrador de expectativas. Un gran talento, sin duda, porque no resulta fácil administrar las ilusiones del exigente electorado.

El fútbol demuestra que hasta para el negocio son buenas las expectativas. Basta con ver cómo se desatan los medios de comunicación, apenas terminada una temporada, anunciando, con letras muy grandes, el interés de los clubes por determinados jugadores. Cuanto más grande es el titular, más grande parece el jugador. Con frecuencia ocurre como con los zapatos: una vez que los utilizamos tres veces, dejan de parecernos fascinantes y ponemos nuestro interés en otros. En fútbol, el dinero gastado habrá servido para tres portadas y para tres partidos; luego llega la realidad respondiendo con la verdad a tanta ilusión inflada por el negocio.

También el aficionado necesita y reclama novedades. Al día siguiente del fichaje de Zinedine Zidane por el Real Madrid, las oficinas del club eran una fiesta. Se había conseguido uno de esos objetivos que marcan la historia de una institución. Los periódicos hablaban de fichaje récord (hasta ese momento el más caro de la historia del fútbol), de jugador fascinante, de éxito de gestión... Supongo que con esa satisfacción encima salimos del club con Florentino Pérez para ir a comer a un restaurante cercano al Santiago Bernabéu. Íbamos con la guardia baja, satisfechos de lo que, creíamos, había sido un trabajo bien hecho. Pero un taxista que pasaba por ahí nos devolvió a la realidad a grito limpio: «Florentino, ficha a Mendieta de una puta vez». Gaizka Mendieta, en aquellos días, era un jugador de moda en el fútbol español. Cuando el presidente del Real Madrid volvió en sí, dijo lo único que merecía el momento: «La afición es insaciable». Pero no, la que es insaciable es la ilusión. Y por supuesto que arrastra un peligro que siempre está al acecho: los aficionados al fútbol, como los electores en la política y los empleados en las empresas, aman las ilusiones, pero exigen su cumplimiento.

El largo camino del reto

Osvaldo Soriano, uno de los escritores argentinos que más y mejor escribió sobre fútbol después de haber jugado a un nivel menor, escribió, poco antes de su muerte, una frase en la que cualquier ex futbolista se puede reconocer: «A los cincuenta años, sigo rehaciendo goles que no hice». Efectivamente, se trata de un vicio lícito e inocente en el que caemos con increíble frecuencia: metemos dentro de la portería balones que se fueron fuera, pero también saltamos sobre patadas arteras que nos pegaron y hasta ganamos partidos irremediablemente perdidos… Parafraseando a Ramón J. Sender: «El pensamiento no delinque y en él nos entretenemos».

Pero la esperanza no tiene efectos retroactivos. Solo sabe mirar hacia delante. Por esa razón, este es un buen lugar para que hablemos de las metas, para que volvamos a Ítaca. «Uno es la meta —decía Charles Chaplin—. Uno, simplemente, no quiere ser menos bueno de lo que ya ha sido.» La definición me gusta mucho porque establece un reto posible: ganarnos a nosotros mismos. Las metas, recomienda el siempre inspirador y certero José Antonio Marina para el mundo de la educación, deben ser de «ejecución» y no de «competición». La importancia de este consejo extiende su utilidad también a los ámbitos deportivo y laboral. En la meta de ejecución te comparas contigo mismo. Nos podemos proponer tirar más veces a portería, correr más kilómetros o ser menos individualistas de lo que hemos sido en el último partido.

Que cada cual adapte la frase anterior a sus propias virtudes y defectos, a su propia actividad. Uno es la referencia. En las metas de competición la referencia es el otro. ¿Qué sentido tiene y, sobre todo, qué tipo de estímulo voy a encontrar si comparo mi patrón creativo con el de Messi? ¿Qué sentido tiene y, sobre todo, qué tipo de desafío voy a encontrar si me comparo con el peor jugador del campeonato?

Maikel Melamed, un hombre que convirtió en cotidianos los actos de heroísmo y del que les hablaré más adelante, lo dice así: «El sufrimiento aparece cuando quieres ir a la misma velocidad que los demás. Pero cuando comienzas a conocer las ganancias de *tus* avances, la perspectiva es otra». Efectivamente, la única verdad que debe servirnos como referencia somos nosotros mismos. Cuando me propongo progresar, yo soy mi unidad de medida.

Las metas deben ser concretas para no caer en los objetivos difusos que tanto confunden a una organización; precisas, ya que a nadie le gusta que, en mitad de un maratón, le cambien la meta de lugar; retadoras, porque el desafío siempre debe estar contenido dentro del deseo de mejora continua; exigentes, pues el profesional crece al nivel de las dificultades que le vamos planteando; y, aunque parezca evidente, las metas deben ser alcanzables, a fin de que trabajen positivamente sobre la confianza de la gente. Finalmente, renovables, porque si bien es cierto que sin meta no hay camino, en estos tiempos es más cierto aún que sin capacidad para renovar las metas, el futuro se hace insoportable hasta en las conversaciones.

La esperanza es tan amiga de las metas como el miedo es enemigo. El miedo es un gran castrador del sentido de la aventura, imprescindible para cualquier proyecto que aspire al éxito. Por miedo dudamos, no nos atrevemos y, finalmente, no hacemos, para no ser sancionados por un posible error. Es verdad que los hombres, como los animales, nos movemos para obtener placer o para evitar el daño. Pero eso no nos autoriza a llevar al terreno del liderazgo la intimidación. Como decía Edmund Burke: «Para que triunfe el mal, solo hace falta que la buena gente no reaccione». Nadie tiene derecho al atropello para conseguir el éxito. Sabemos que en el ser humano hay una trastienda animal cargada de miedos, irracionalidad e instintos primarios. ¿Qué preferimos, mover a ese animal primitivo que aún vive en nosotros, o apelar a las enseñanzas y al compromiso que el ser humano ha ido incorporando y desarrollando a lo largo de su evolución? Quienes tienen un modo autoritario de entender la dirección de un grupo de trabajo piensan que el respeto, la libertad y un trato amable encierran el peligro de ablandar a la tropa. Pero los buenos líderes y los buenos profesionales deben saber que la confianza no elude el control.

La «democracia corinthiana»

El Corinthians, equipo brasileño liderado por Sócrates (también el fútbol tiene sus filósofos) en los años ochenta, ha pasado a la historia. Aquel equipo que había quedado en el puesto 26 en 1981 se declaró campeón de la Liga Paulista en las dos temporadas siguientes bajo un sistema de gestión conocido como la «democracia corinthiana», un modelo que creció en medio de un régimen político dictatorial y represivo que Brasil recuerda con horror. En el Corinthians se votaba por todo. «Votábamos hasta si el autobús tenía que parar para que alguien hiciera pis», dijo, con ironía, el propio Sócrates en una ocasión. Aquel modelo perturbador, como todo lo que rompe las reglas, no duró mucho. Pero demostró que cuando un equipo es responsable y maduro, alcanza el triunfo sin que nadie tenga que decir a los jugadores, a cada minuto, lo que tienen que hacer. Cada profesional lo sabe mejor que nadie, porque es más fácil conocerse a sí mismo que ser interpretado por tu jefe.

Cuento la historia de mi admirado Sócrates porque los mejores equipos de los que he formado parte en mi vida tuvieron un alto porcentaje de autogestión. Comprometerse por convicción delante de un grupo genera un vínculo mucho más sólido que seguir obedientemente una orden. Puesto a valorar, mis mejores entrenadores fueron aquellos que, dentro de unas pautas, me dejaron ser yo mismo.

Claro que el liderazgo no es un cuento de hadas y, en ocasiones, requiere firmeza. En tramos cortos muchas veces la dureza es un imperativo. Pero un discurso hábil que ponga la ilusión, la esperanza y hasta los sueños al servicio de una idea grande tiene infinitamente más fuerza inspiradora que el abuso autoritario. Si digo que la esperanza tiene una capacidad motivadora equiparable a la necesidad, no estoy lejos de la verdad. ¿Por qué la historia de Sócrates en un capítulo sobre el poder de la esperanza? Porque la esperanza se basa en una imprescindible fe en el ser humano.

Sanos recursos del buen líder

También en las relaciones interpersonales hay que seguir reglas inspiradoras. Vicente Cantatore, entrenador argentino de exitoso paso por el fútbol chileno y español, decía algo muy simple y muy sabio: «Primero se elogia, luego se corrige». Se trata de quitar, con una alabanza, todo el andamiaje defensivo y predisponer al deportista mucho mejor para la crítica posterior. Mi entrenador personal aún no ha entendido los beneficios psicológicos de estas actitudes. Este libro está escrito, entre otras razones, para que reaccione y me elogie un poco. La vanidad, como ya veremos, tiene sus ventajas. Así como los sueños no tienen por qué convertirnos en ilusos, la vanidad, en su justa medida, no tiene por qué convertirnos en egocéntricos. El líder, que también vive de esas pequeñas habilidades, debe saber administrar las dosis adecuadas de elogios, críticas, ilusiones y realidades. Sin olvidar que la neurociencia ya demostró que los premios son más efectivos que los castigos para la consecución de logros temporales.

También el humor es un gran desengrasante cuando la tensión se hace insoportable. Tras ganar el Mundial de México 1986, la Selección Argentina cayó en barrena, hasta tal punto que casi batimos el récord de minutos sin marcar un gol. Nos cabía la respuesta de Inodoro Pereira, gaucho pendenciero, vago y filósofo creado por el «Negro» Fontanarrosa, cada vez que le preguntaban cómo estaba: «Mal, pero acostumbrao». Lo cierto es que jugábamos frente a Escocia y, si no marcábamos un gol antes del minuto 6, entrábamos en el Guiness de los récords. El tema estaba en la cabeza de todos los jugadores porque los medios de comunicación se entretenían con la información, y se trataba de una evidencia estadística humillante. En la charla previa al partido, Carlos Bilardo no eludió el tema; al revés, lo encaró de frente y de un modo desopilante: «Ni se les ocurra marcar un gol antes del minuto 6. Nosotros tenemos que estar en todas las conversaciones. Si la gente habla del campeón del mundo: Argentina. Si hablan del equipo que menos goles marcó: Argentina también». Y con su obsesión habitual cerraba el discurso diciendo: «En las conversaciones, siempre Argentina, Argentina, Argentina…». Nunca supe si lo dijo en serio o en broma, pero nos arrancó a todos una risa terapéutica que distendió el ambiente cargado de esos días.

Otra opción es la patentada por Ezequiel Castillo, valioso centrocampista del Tenerife a quien entrené en los años noventa, cuando padeció una aciaga racha ante el gol. Ezequiel transformó el problema en una oportunidad comercial. Un día llegó al vestuario con la solución: haría un vídeo que titularía «Mis cien goles fallados». Desde ese día cada fallo tenía un sentido porque enriquecía su idea: «dos fallos más para el vídeo»; «el de hoy es uno de los mejores que he fallado»; o, cuando marcaba un gol, «esto retrasa el proyecto». Como le oí a Luis Piedrahita: «Si hay talento se puede hacer humor hasta del holocausto». La del humor es una terapia magnífica que no podemos subestimar cuando descubrimos que uno de los nuestros está abatido.

Por esa razón, el líder debe ser un especialista en cada una de las personas que tiene bajo su dirección. Y no intentar cambiarla, porque eso es imposible. No podemos olvidar que lo que para uno puede ser un estímulo (por ejemplo, una bronca delante del grupo), para otro puede resultar paralizante. Hay personas que se movilizan por su espíritu de equipo; otras, por su sentido de la responsabilidad; pero también están quienes necesitan acentuar su individualismo o quienes piensan, sobre todo, en la recompensa económica. Conviene darle la pastilla motivadora adecuada a cada uno de ellos porque, si equivocamos el tratamiento o la dosis, las consecuencias pueden ser desastrosas. Sin embargo, todos serán mejores si los ayudamos a entender que, al final del camino, nos espera la hermosa sensación del deber cumplido, porque hemos llegado al mejor sitio posible: aquel que habíamos soñado colectivamente. Desde ese punto de vista, el liderazgo compartido produce, en el éxito, una extraordinaria sensación de comunión. Y en el fracaso también compensa, porque cuando se pierde con amigos, se pierde menos.

Hasta para el amor sirve la expectativa

Los seres humanos necesitamos trascender nuestro presente para encontrar factores motivadores. Hay un interesante vídeo de Juan Sebastián Verón en los momentos previos de la Final del Mundialito de Clubes entre Estudiantes de la Plata y el F.C. Barcelona, en diciembre de 2009. Verón, en su condición de capitán, reúne a sus compañeros en la misma puerta del vestuario para darles una maravillosa arenga antes de la gran batalla. No solo llama la atención que Verón les recuerde que están ante el partido más importante de sus carreras («Nosotros seguimos un sueño y ese sueño, hoy, se hace realidad»); es aún más llamativo que convoque al futuro para encontrar argumentos que ayuden a entender la trascendencia del partido: «Disfrutemos de estos momentos, que van a quedar en la memoria de todos, en la memoria de cada uno de nosotros, cuando en el futuro nos juntemos para revivir esto». Hacia delante, la imaginación convierte en promesa el éxito. Hacia atrás, el recuerdo nos devuelve la emoción.

Y termino con estas palabras del premio Nobel Jacinto Benavente, al que un día le leí algo que, a medida que voy cumpliendo años, me va pareciendo más convincente: «Lo mejor de hacer el amor es cuando subimos por las escaleras».

La fuerza de la ilusión, efectivamente, es incomparable. Razón suficiente para que comprendamos que es justificable (en el sentido de que compensa ampliamente) realizar un gran esfuerzo para que el club o la empresa que lideremos merezca la ilusión de sus trabajadores.

Ideas clave

Sin la esperanza como compañera de viaje, Ítaca pierde sentido. Todo gran propósito debe llevar una esperanza dentro, porque la ilusión es el mejor energético. Por esa razón, el líder debe ser capaz de defender un gran sueño para que el equipo entero lo convierta en un desafío colectivo.

Si en la guerra se considera el pesimismo como alta traición, es porque su efecto sobre un colectivo resulta disolvente. Es el optimismo el que ayuda a mirar al futuro con esperanza, fortaleciendo la vitalidad competitiva de un individuo y del grupo.

La esperanza necesita definir metas atractivas, desafiantes, claras y posibles para fortalecer la confianza y espantar el miedo. Pero la meta más eficaz es la que contrasta nuestros propios logros. Compararnos con nosotros mismos es lo único que nos asegura un progreso razonable y constante.

Hay desafíos colectivos y remedios que, como un elogio oportuno o el humor, ayudan a «desengrasar» ambientes densos. Pero el líder debe ser un especialista en cada uno de los miembros de su equipo, para descubrir cuál es la expectativa de cada cual y poder darle a cada individuo una esperanza adaptable a sus ambiciones personales.

3

El poder de la pasión

Si tengo que nombrar cuatro escalones obligatorios que un jugador de fútbol tiene que subir para alcanzar el profesionalismo, serían los siguientes:

• La naturaleza: que, como la belleza, te elige. No hay gran futbolista que no tenga, en su base genética, ciertas ventajas relacionadas con la coordinación, la visión y el talento físico. Dicho desde el aporte de Howard Gardner sobre las inteligencias múltiples, un deportista tiene que nacer con una predisposición natural en los campos de las inteligencias espacial y corporal.

• La práctica: que se logra familiarizándose con el juego durante muchas horas al día. César Luis Menotti hizo gráfica la idea diciendo, con razón, que era altamente improbable un Maradona japonés. Maradona, como Di Stéfano antes y Messi después, es hijo de un país enfermo de fútbol y eso le permitió aprovechar toda su energía y tiempo libre para jugar. Ese es el único modo de profundizar en el patrón creativo y ayudar a que el talento encuentre modos originales de defenderse de los defectos. ¿Cuántos miles de regates habrá hecho Maradona hasta realizar aquella obra de arte memorable ante los ingleses, que culminó con el mejor gol de la historia del fútbol?

• La exigencia: para aprender las nociones básicas del oficio y lograr que se hagan útiles, dentro de un equipo, las condiciones naturales. La exigencia fortalece virtudes, pule defectos y asegura la mejora continua, que es el primer desafío del buen profesional.

• Y por último, la pasión: que hace no solo aceptables, sino agradables, todos los sacrificios a los que obliga el deporte de alta competición. La pasión contiene el amor a la tarea, y esa emoción se las ingenia para convertir en reto las largas sesiones de entrenamientos; en tolerable, la disciplina de eso que hemos dado en llamar «entrenamiento invisible»; en seductores, los sueños que anticipan días de gloria.

La pasión como motor

El talento siempre ha necesitado de energía, y no existe mejor energético que la pasión. Para afrontar las dificultades, para seguir los objetivos con tenacidad, para sostener la fuerza creadora. La pasión exagera porque esa es su naturaleza; pero ¿acaso no exageran esos cuerpos que parecen esculpidos por Miguel Ángel y que se tensan hasta lo increíble cuando compiten? ¿O no exagera el que entrena durante años con una disciplina franciscana? Basta con que pensemos en Cristiano Ronaldo y su lucha obsesiva por la perfección, o en Usain Bolt y la presión de defender, en menos de diez segundos, años de sacrificio. En todo medio competitivo es imprescindible desafiar día a día los límites, y ese camino solo lo recorre un hombre que le pone alma a las cosas que emprende.

Que el deporte es un ejemplo espectacular de esa lucha continua por llevar las fronteras un poco más allá, lo comprobé yo mismo en la Final de la Copa del Mundo de 1986. La noche anterior no logré dormir ni un minuto. Se jugaba al mediodía con el calor asfixiante del mes de junio, en la altitud de México D.F., y me tocó cumplir con una misión inesperada: hacerle un marcaje «hombre a hombre» a Briegel. No se trataba de un jugador cualquiera, sino de un ejemplar alemán del tamaño de un armario empotrado que había competido con éxito en pruebas de pentatlón en su Alemania natal. Ángel Fernández, popular locutor mexicano que hacía un uso brillante de las metáforas, dijo en el transcurso de un partido: «Ahí viene Hans-Peter Briegel, que en alemán quiere decir Ferrocarriles Nacionales de Alemania». Merecía ser cierto. Apenas cumplidos dos minutos de mi abnegada misión, me acerqué a la banda a reclamar agua porque tenía la garganta tan seca que no me entraba ni el aire. Mala señal porque, en el mejor de los casos, a mi cometido aún le quedaban 88 minutos. Bebí con desesperación y tomé una decisión: correría hasta desmayarme. Se trataba del partido más importante, del más esperado de mi vida, y no cabían términos medios. Toda decisión, aunque sea algo trágica, tranquiliza mucho. Y me puse a correr, en ocasiones detrás de Briegel, en otras detrás de la pelota, en otras detrás del gol… Dos o tres veces tuve un escalofrío que me subió de los pies a la cabeza y como estaba seguro de que se trataba de la señal esperada, me dije: «Ya está, ahora me desmayo». Pero no ocurría. Y como no ocurría, seguía corriendo impulsado por la pasión, por la excepcionalidad del momento, por el sentido del deber… y porque no me desmayaba. Hasta que el árbitro, en un inolvidable gesto de generosidad, marcó el final del partido. ¿Cansado? Muerto, más bien. Pero la historia del fútbol no conoce ni conocerá a nadie que se sienta sin fuerzas para dar la vuelta olímpica siendo campeón del mundo. Salí de aquel partido con la seguridad de que si la mente está empujada por un gran estímulo, el cuerpo acompaña ensanchando los límites hasta mucho más allá de lo razonable.

Raúl, que como dice el tango sobre el Cafetín de Buenos Aires, es una «escuela de todas las cosas», se pasó la vida ignorando las señales de agotamiento. Después de partidos heroicos lo vi (y más de una vez) tirado en la camilla, envuelto en mantas y temblando como consecuencia de una fatiga extrema a la que no había atendido durante el partido porque el deber llamaba y la pasión impulsaba.

Pasión: la buena peste

Ponerle emoción a las cosas que hacemos es ponerle vida, hacerlas mejor. Porque la pasión, a largo plazo, resulta siempre eficaz. Pero además, tiene otro efecto de gran importancia para quien lidera una organización: es contagiosa. Durante mucho tiempo acompañé mis conferencias con imágenes de un partido vital del F.C. Barcelona entrenado por Louis Van Gaal. El equipo se jugaba la Liga frente al Deportivo de la Coruña, en Riazor. Pep Guardiola salía de una larga lesión de rodilla que lo había tenido fuera de los campos de juego durante casi un año. Van Gaal decidió que aquel partido merecía el aporte de Pep y lo llevó al banquillo de suplentes. Una cámara de Canal + siguió a Guardiola durante toda aquella tarde. Como actor de reparto, Guardiola demostró que no hay lugares secundarios para un líder apasionado: sus gritos, su expresividad, sus ganas de transmitir se observaban en la salida de los vestuarios, en el banquillo o calentando en la banda. La actitud de Guardiola resultaba contagiosa. Siempre tenía algo que decir y nunca se quedaba con las ganas. En la última media hora tuvo la oportunidad de reaparecer, y saltó al campo dispuesto a jugarse la vida. Todo lo que ocurría a su alrededor parecía trascendente. Seguía hablando, gesticulando, abroncando, animando… Al final, el Barça perdió aquel partido y todos estaban cariacontecidos, menos Pep, que daba la impresión de que había perdido a un familiar cercano. Desde cada lugar que ocupó durante aquel partido, tenía algo que transmitirle al equipo, pero lo que decía no era lo relevante. Importaba más su lenguaje corporal. Aquella tarde me quedó clarísimo que, antes que un mensaje, lo que Guardiola transmitía era una emoción. Que nadie lo dude: es la actitud la que convence. Me resulta fácil suponer que ese efecto se habrá multiplicado cuando la vida le dio la oportunidad de poner toda esa expresividad al servicio de su condición de entrenador.

En *Fútbol indómito*, biografía de José Antonio Camacho escrita por Jesús Gallego, Vicente del Bosque apunta: «Camacho poseía un valor fundamental, la emoción sin límites con que vivía el fútbol, cada partido, cada entrenamiento». Como testigo personal de ese tiempo, me resulta inolvidable la actitud de Camacho en aquellas famosas remontadas que, en los años ochenta, terminaron por darle al Real Madrid dos Copas de la UEFA seguidas. En esas noches europeas donde se acuñó la expresión de «miedo escénico», el Santiago Bernabéu hervía con más de cien mil aficionados, muchos de pie, jugando cada uno de ellos su particular partido desde las gradas.

Pero el primer ultra que los jugadores veíamos a primera hora del día era Camacho. No más allá de las ocho de la mañana irrumpía en las habitaciones como si el partido estuviera a punto de empezar, y era necesario satisfacer su curiosidad, porque de lo contrario no se marchaba. En mi caso, lo que quería saber era lo siguiente: «¿Cómo vas a cabecear los córners esta noche?». José Antonio no era un teórico, de modo que una simple respuesta resultaba insuficiente. Exigía una demostración. Y de inmediato. Había que levantarse, saltar y cabecear al aire. Una vez hecha la demostración, uno intentaba seguir durmiendo y Camacho se marchaba hacia otra habitación, hacia un nuevo objetivo al que inocularle pasión. Ninguna habitación se quedaba sin ser visitada. ¿Para qué negarse, si todos sabíamos que siempre se las ingeniaba para imponer su voluntad? No había opción, porque donde la pasión no llega con el ingenio, llega con la insistencia.

Son muchas las empresas que entierran la pasión bajo capas burocráticas que aniquilan la espontaneidad. Porque el exceso de control, no lo olvidemos, destruye toda iniciativa y convierte la docilidad en un valor. Solo gente como Raúl, Guardiola o Camacho nos recuerdan, con sus actitudes, que el control mata la vida. Y solo la pasión la devuelve.

La pasión mira lejos

La pasión es ambiciosa por naturaleza y está bien que así sea. La ambición bien entendida está relacionada con el espíritu de superación y, como ya manifesté, esa es la primera regla del buen profesional.

Sobre la sana ambición, Cristiano Ronaldo puede escribir una enciclopedia. Se trata de un jugador de unas condiciones naturales extraordinarias; pero como aspira a la perfección, no se da tregua y convierte cada día de su vida en un nuevo desafío. Vive para ser el mejor y lo demuestra entrenando, descansando, comiendo y elevando su nivel de exigencia permanentemente. Durante algún tiempo, en España se le criticaron sus actitudes. Determinados gestos, desplantes y hasta declaraciones volvieron muy severos los juicios de algunos medios. Mal hecho. A los artistas hay que medirlos por su obra y no por su vida. Y la obra de Ronaldo es irreprochable. No solo porque le sale el talento por todos los poros, sino porque es un ejemplo de profesionalidad. Aquellos jóvenes que imitan su peinado, que le envidian la novia y que sueñan con su Ferrari, deberían olvidarse de lo secundario para imitarle en lo sustancial: la entrega total y absoluta hacia sus deberes profesionales y la obsesión por ser cada día un poco mejor futbolista.

César Farías, entrenador de la Selección Venezolana, tenía fundadas posibilidades de disputar el Mundial de Brasil de 2014, y se encontraba muy presionado por la opinión pública, que le pedía la clasificación como si se tratara de una obligación y no de una gesta. Empezar bien la fase clasificatoria aumentó la expectativa y la exigencia. No parecía justo, teniendo en cuenta la historia futbolística del país. Venezuela nunca se clasificó para un Mundial. En todo caso, me pareció interesante saber cómo convivía Farías con esa presión, y en un café que compartimos en Madrid a comienzos de 2012 me confesó que no hacía nada para calmar esa demanda popular y mediática. Al contrario, la veía positiva. Porque esa percepción popular empujaba a la selección hacia lo máximo, y de eso se trata cuando hablamos de alto rendimiento.

Pero la ambición es un desafío no solo ambiental, sino también interior. Gabriel García Márquez decía que cuando iba a escribir un artículo, lo hacía pensando que sería el mejor artículo que se había escrito nunca sobre el tema. A medida que el texto iba creciendo, lo que decrecía era su expectativa, pero nunca su entusiasmo, porque aquella fuerte ambición inicial le había aportado suficiente aliento para, al menos, terminar el artículo de un modo brillante.

Los retos que hay que lanzarle a la ambición son cosa de los líderes. Cuando me tocó ser entrenador del Real Madrid, mandé un mensaje a los jugadores de la cantera. Aproveché una rueda de prensa para decirles que «las puertas del primer equipo no se abrían empujándolas, sino tirándolas abajo». Una manera como cualquier otra de invitarles a comerse el mundo. En los siguientes meses por esa puerta entraron no menos de diez jugadores que hicieron carrera en Primera División; entre ellos, Raúl González, un himno a la ambición. Pero ambicioso todos los días de su vida y a todas horas: cuando jugaba, claro, pero también cuando entrenaba, cuando hablaba, cuando comía, cuando descansaba… Solo así se explica cómo, sin ser el más rápido, ni el más fuerte, ni el más técnico, ni el más creativo, pasó a convertirse en uno de los mejores jugadores del mundo: máximo goleador de la historia del Real Madrid, máximo goleador de la historia de la Champions League y máximo goleador, en su momento, de la Selección Española.

En su último enfrentamiento internacional en Europa, jugando en las filas del Schalke 04 y frente al Athletic de

Bilbao, Raúl también demostró que la pasión es la mejor detectora de oportunidades que existe. Al comienzo de la segunda parte del partido de ida, el conjunto alemán se puso por delante en el marcador (2 a 1). Fue en ese momento cuando Raúl, que había marcado los dos goles, detectó la debilidad del rival y entró en combustión. Corría, presionaba y le gritaba a sus compañeros como si estuviera ante una última oportunidad. Me resultó emocionante ser testigo de esa exhibición de inteligencia y esfuerzo que había visto tantas veces en el Real Madrid. Al terminar el partido, me crucé con Marcelo Bielsa (entrenador del Athletic y gran admirador de Raúl) y aún le duraba el impacto de esa imagen: «¿Viste a Raúl?... Olió la sangre».

Mientras escribo estas líneas, Raúl sigue corriendo detrás de un propósito de superación en Qatar, tras pasar dos años en Alemania convirtiéndose en un ídolo en el Schalke 04. Elegí este capítulo sobre la pasión para hablar de él, pero podría haberle encontrado un lugar para el homenaje en cualquiera de los once poderes, porque Raúl, como ejemplo andante de deportista, honra cada uno de ellos.

El motor gripado

Jorge Bernardo Griffa es, quizás, el mejor forjador de jóvenes talentos del fútbol argentino de los últimos treinta años; esto es, el mejor maestro. Hace algún tiempo, hablando del progreso desigual de los jóvenes futbolistas, se me ocurrió preguntarle si en su larga experiencia había percibido algo incurable que atentara contra la evolución de un jugador joven. Su respuesta fue fulminante, hasta cambió su gesto para nombrar al supuesto enemigo: «la indolencia», me dijo. La indolencia es el nombre que le damos a la desconexión emocional entre el hombre y la tarea que desarrolla. Que una quinta parte de los trabajadores del mundo desarrollado reconozcan que no están comprometidos ni con la empresa, ni con el trabajo ni con los directivos es un dato atroz. Si esto no preocupa a los empresarios es porque no lo saben, no les importa o no se sienten capaces de revertir la situación. Cualquiera que sea la razón, seguimos estando ante la misma catástrofe cotidiana.

Es verdad que hay trabajos poco inspiradores, pero lo cierto es que la misma encuesta que nos habla de la falta de compromiso nos revela que, en el 86 por ciento de los casos, los trabajadores están satisfechos con su trabajo. Según Julie Gebauer, que dirigió el Global Workforce Study en la investigación inspirada por Towers Perrin, si queremos transformar el gusto por el trabajo en compromiso, hay tres elementos críticos que él convierte en preguntas:

1. ¿Hay oportunidades para crecer dentro de la empresa?
2. ¿Tiene la empresa una reputación que impacta positivamente en el orgullo de los trabajadores?
3. ¿Son fiables y confiables nuestros jefes?

No parece tan difícil sacudir la indolencia, siempre y cuando exista una voluntad empresarial para hacerlo. El otro antídoto contra la desgana o el desinterés es, hay que insistir en ello, la pasión. Por la sencilla razón de que la pereza es una tentación que la pasión no conoce.

La pasión sabe enfocar

En *El mundo de ayer*, Stefan Zweig cuenta que un día visitó el estudio de Auguste Rodin, el gran escultor de la época. En medio de la animada charla, el artista se puso a corregir un detalle insignificante de su última creación. A los pocos minutos, Rodin estaba totalmente volcado en su escultura hasta el punto de olvidar a su visitante. Zweig, asombrado, escribió que «había visto revelarse el secreto de todo arte grandioso». No me extrañó la hermosa evocación de Zweig. Estoy convencido de que si Pelé o Maradona están en una fiesta con un impecable esmoquin y, de un modo imprevisto, alguien les lanza un balón embarrado, el instinto les haría pararlo con el pecho anteponiendo la pasión por el fútbol a la etiqueta y la compostura exigidas.

Ideas clave

En cualquier ecuación cuyo resultado final aspire al éxito, no puede faltar su principal motor: la pasión. Su origen lo podemos encontrar en el amor a la tarea, en la identificación con los valores de la empresa, en la conexión emocional con el entorno o en una naturaleza de por sí apasionada.

La pasión tiene la virtud de ser contagiosa. Un hombre apasionado es capaz de arrastrar a un equipo entero con su desbordante entusiasmo. Pero además, la pasión es ambiciosa y tiene la capacidad de detectar oportunidades con mucha facilidad, porque sus sensores están siempre activados. Raúl nos sirve de inigualable ejemplo para demostrarnos cómo un estado de ánimo apasionado trabaja a favor de la eficacia.

Para sacudir la indolencia que producen trabajos poco estimulantes, una empresa debe ofrecer a su gente posibilidades de progreso, generar orgullo de pertenencia y asegurar unas relaciones personales francas y respetuosas.

Claro que el apasionado puede perder, pero lo que nunca hará es rendirse porque la perseverancia es una característica de estos hombres indómitos que tienen la virtud de rebelarse ante la derrota.

4

El poder del estilo

En el mundo del fútbol el resultado es incontestable. Su efecto es tan contundente que el ganador ni siquiera necesita hablar. Y si habla, es irrebatible. El que gana no solo tiene razón, sino que se le extiende el carné de inteligente, de listo (que no es lo mismo) y, ya que necesitamos consagrar su figura, hasta de macho alfa. Si es necesario, también se le atribuye una estrategia a corto, medio y largo plazo, aunque su éxito haya sido ocasional y haya dependido, en gran medida, de la suerte o del talento natural de jugadores extraordinarios. Para esta corriente de opinión, sin duda dominante, el estilo es cosa de románticos.

Así las cosas: viva el estilo

Para mi gusto, el estilo lo es todo. Es la diferencia, la distinción, lo que nos hace únicos. Si no somos distintos a las demás empresas, ¿cómo vamos a ser reconocibles? ¿De qué nos vamos a sentir orgullosos? ¿De qué nos vamos a avergonzar? El estilo es la manera de ser, y eso es tan importante para una persona como para un equipo deportivo o empresarial. La diferenciación es una de las grandes ventajas competitivas de las organizaciones de nuestro tiempo. El orgullo de pertenecer tiene que ver, sobre todo, con la cultura de una organización, con los valores que la identifican, con el estilo.

En el infinito mundo del fútbol, todos los estilos son aceptables, faltaría más. Pero no es lo mismo correr para conquistar, que correr para huir; no es lo mismo esforzarse para la aventura, que esforzarse para la burocracia; no es lo mismo esperar el próximo partido como una ilusión, que como si fuera una amenaza. Hay que repetir muchas veces que «no es lo mismo», porque en el derecho a ser diferentes y en la aspiración de grandeza es donde reside la batalla conceptual entre los bien llamados «resultadistas» y los mal llamados «románticos». Pero insisto, los gustos no solo son respetables sino, de algún modo, sagrados. De la misma manera que a mí no me gusta que nadie me diga lo que tengo que pensar en lo relativo a mis gustos, no pretendo arrastrar a nadie hacia mi sensibilidad. Siempre he emparentado la manera de jugar con la manera de vivir y, sin dudarlo, prefiero a los que viven con coraje, elegancia moral y grandeza en sus decisiones.

Cuando en la temporada 2011/2012, en el ámbito de la UEFA Europa League, el Athletic de Bilbao visitó al Manchester United, Marcelo Bielsa se sintió un gran privilegiado por enfrentarse a un hombre con la trayectoria de sir Alex Ferguson y a un equipo avalado por semejante historia. En aquel viaje, Bielsa, que es un curioso profesional, intentó descubrir en los pequeños detalles dónde marcaba el Manchester la diferencia. Nada le impactó tanto como un cartel que descubrió en un vestuario de entrenamiento y que decía: «There is no medal or trophy better than being aclaimed for your style» [No hay mejor medalla o trofeo que ser aclamado por tu estilo]. Cuando compartió con sus amigos el impacto que le había producido la frase, Bielsa lo hizo con admiración. No era para menos; acababa de descubrir que en la base del conocimiento colectivo que el Manchester United había acumulado en más de un siglo de gloriosa existencia, el estilo seguía estando por delante del resultado. No porque sea más importante, sino porque ese es el orden que permite luego sentirse orgulloso por los triunfos obtenidos. Lo voy a repetir: el estilo no es más, sino que está antes que el resultado.

Hace más de cincuenta años, en 1958, el avión que llevaba a la plantilla del Manchester United cayó sobre Munich. Sobrevivieron muy pocos jugadores. Aquella tragedia, recordada el día 6 de febrero de cada año, sigue estremeciendo a los viejos y a los nuevos aficionados del equipo. Pero precisamente tras ese trágico episodio el club británico se convirtió en mito. Porque el dolor contribuyó a crear una especie de complicidad mundial y porque justo diez años después el Manchester, renaciendo de sus cenizas, levantaba su primera Copa de Europa. Una prueba de que la personalidad de los clubes, como la de los seres humanos, no solo se construye a base de momentos felices. Pero hay algo indiscutible: una vez que la historia te premia por haber definido una manera de ser, esa personalidad institucional debe ser innegociable. Ponerla en peligro, por la razón que sea, supone alta traición a la historia. Lo demostró el Manchester United cuando Ferguson anunció su retirada de los banquillos. Lejos de contratar a una figura célebre o al último ganador de moda, anunciaron la contratación del escocés David Moyes, diez años entrenador del Everton sin haber ganado un solo título. Pero la razón de la elección es la más inteligente: se parece al Manchester United porque entiende sus valores.

¿Por qué el Barça de Guardiola se convirtió en un equipo admirado y, para muchos, en una unidad de medida en el mundo entero? Sobre todo, porque el equipo logró definir un estilo reconocible, atractivo y eficaz que lo diferenció de todos los demás. Cosechó triunfos que lo fortalecieron, tuvo jugadores que le dieron vuelo, gozó seguramente de la dosis de suerte que siempre bendice al campeón… Pero en la base de todo hay una manera de hacer las cosas que empieza en La Masía, escuela de fútbol y de conducta, y termina en el primer equipo, donde se respeta hasta la exageración lo que La Masía enseña. El mayor orgullo, imagino, será comprobar, en los grandes campeonatos, cómo ese estilo que un tiempo atrás resultaba contracultural poco a poco está siendo imitado por algunos grandes clubes y también por varias selecciones históricas.

La personalidad

También el Real Madrid está hecho de grandes resultados y excelsos jugadores. Pero en el centro mismo de su gran suceso como club de referencia hay un conjunto de valores que se fueron afirmando con el tiempo. Desde aquel Madrid con espíritu amateur fundado por un grupo de jugadores en 1902, hasta el universal equipo de estos días, hay un largo camino recorrido por mucha gente que, con su esfuerzo y cariño, participó en la construcción de un ideal colectivo. El club, recogiendo esas influencias que le dieron un contenido intelectual y sentimental, terminó por definir una personalidad única. Claro que aquellas cinco primeras Copas de Europa desempeñaron un papel definitivo para alcanzar la condición de leyenda. Pero no olvidemos que el Madrid estuvo treinta y dos años sin ganar una Copa de Europa (entre la sexta y la séptima) y eso no impidió que siguiera siendo reconocido como un club ejemplar. El Madrid es ganador hasta cuando pierde, porque así es percibido por todo el mundo. Por esa razón nunca entenderé la desesperación que algunos muestran por ganar el próximo partido, el próximo campeonato. Esa obsesión es una trampa absurda que lo único que logra es que uno se olvide de su propio modo de ser.

La memoria colectiva guarda como un tesoro la cultura del club. Por eso, cuando algunos directivos erraron el camino, fue la masa social la que enderezó el rumbo colocando su voto en el sentido justo.

No es una fantasía. Hubo un tiempo, a finales del siglo pasado, en el que había entre los aficionados del Real Madrid un sentimiento de pérdida que no se compensaba con la obtención de grandes títulos. El Madrid había debilitado su «manera de ser» y, en el imaginario colectivo, ese ataque a la esencia de la institución estaba haciendo mucho daño. Cuando el aficionado decía (y lo decía con frecuencia): «Ya no somos lo que éramos», estaba expresando, como dice el tango, «la vergüenza de haber sido y el dolor de ya no ser». Había que volver a encontrar la vieja esencia del Real Madrid para generar un nuevo sentimiento de adhesión al club.

En cada partido que se disputaba en el Bernabéu se generaba un extraño clima asambleario, como si una insatisfacción profunda hubiera ido aflojando la identificación de los aficionados y dividiendo el club. Lo que José Antonio Marina llama «inteligencia compartida» empezaba a carecer de sentido, a peligrar. En la asamblea de compromisarios que se celebra anualmente, esta fractura se elevaba hasta alcanzar cotas de grosería que dejaban la sensación de que el Real Madrid no solo había perdido su grandeza, sino hasta su razón de ser.

Cuando se ganó la octava Copa de Europa en París, Lorenzo Sanz se apresuró a convocar elecciones (dos años antes de lo que autorizaba la ley) «para asegurar la estabilidad del proyecto». En realidad, y como es lógico en el emotivo mundo del fútbol, tenía la seguridad de que la alegría de los aficionados se proyectaría sobre su figura hasta convertirle en invencible. Yo me adhería a esa idea.

Sí, debo decir que yo estaba entre los que creían que Florentino Pérez, que era la alternativa, nunca ganaría esas elecciones. Sin embargo, el socio del Real Madrid me dio una lección inesperada e inolvidable al demostrar que tiene una idea innegociable de club. Una lección que me aproximó al aficionado, al que siempre entendí como un individuo parcial e ingenuo que solo se manifiesta a la luz de los resultados. Seguramente pensaba en la masa futbolera, que en cada partido deja referencias de la falta o del exceso de sentido crítico por su alta temperatura emocional. Pero no vota la masa, vota el individuo. Y no vota con el calor del partido, sino con el sentido de la responsabilidad que otorga la distancia. A la hora del partido, el aficionado es todo pasión; pero al día siguiente vuelve a su condición de ciudadano consciente de que puede presumir de determinadas cosas y puede abochornarse de otras.

La decisión mayoritaria de los socios cambió el rumbo del club, hasta el punto de ponerlo a salvo no solo de su descomposición, sino también de su transformación en Sociedad Anónima Deportiva, que le hubiera quitado su personalidad y a los socios su poder simbólico y real.

Florentino Pérez entendía que el Real Madrid debía volver a ser un equipo modélico en sus relaciones con las instituciones, con los clubes, con la prensa, con los aficionados al fútbol en general, y con los madridistas en particular… Pero, sobre todo, el club tenía que fortalecerse hacia dentro, recobrando la autoridad moral perdida; de lo contrario, sería muy difícil que volviera a ser un modelo que seguir.

El estilo como cultura

Si el centro de gravedad de la crisis del Real Madrid era la pérdida de valores, ese era un buen punto desde donde iniciar la reconstrucción. El club había pasado de un modelo paternalista, superado por los nuevos tiempos, a un vacío desconcertante por la incapacidad de modernizar las señas de identidad. El peso de lo viejo no dejaba nacer lo nuevo.

Finalmente, entre los jugadores, había que crear un nuevo esquema de valores para un medio cada día más mutable, más comercial, más enfermo de urgencia. Convivencia (cómo vivir juntos solidaria, ordenada y respetuosamente), comunicación (cómo defender la imagen del club en la relación con el periodismo y la sociedad en general) y profesionalidad (entendiendo que en esa jaula de oro que es el primer equipo existen privilegios, pero también obligaciones).

¿Qué se debía hacer para recuperar el orgullo de socios y aficionados? En principio había que intentar encontrar anticuerpos para los virus que se habían hecho fuertes y que dañaban el club por dentro y por fuera. Ante la urgencia, paciencia; frente al cambio permanente, estabilidad; ante la indiscreción, sobriedad; frente a la división, unidad; ante el egoísmo, generosidad; frente a la indisciplina, normas; ante el individualismo, proyecto colectivo…

Fue por esa razón que en esos días se nos ocurrió elaborar lo que se ha conocido como *Libro azul*, información presentada en un tríptico que les permitía a los jugadores rastrear la historia y conocer cuestiones prácticas de la actualidad del club. El libro se cerraba con un capítulo que recordaba los puntos cardinales de la manera de ser del Real Madrid. La intención era hacerles llegar a los jugadores una sugerencia muy simple: durante cien años fuimos así y nos declararon «mejor club del siglo XX». Ya que nos fue tan bien, ¿no creen conveniente seguir respetando estos principios?

El *Libro azul*, que por nuevas vicisitudes y confusiones ya pasó a mejor vida, se cerraba con este texto, ya conocido por los medios:

La historia ha convertido a este club en una escuela de ganadores. Un jugador del Real Madrid jamás se rinde. La ética del esfuerzo es nuestro valor más grande. Nuestra afición está dispuesta a perdonarlo todo, menos la falta de entrega.

Solidaridad, responsabilidad y perseverancia han sido siempre características de un jugador de nuestro club. Solidaridad, porque ningún jugador puede ser campeón sin la ayuda de sus compañeros. Responsabilidad, porque nunca buscamos excusas en los árbitros o en los rivales. Perseverancia, porque el auténtico profesional es aquel que se gana el respeto con el trabajo diario y porque la estabilidad es una de las bases del éxito.

El vestuario es sagrado y sus secretos deben guardarse por respeto a los compañeros y al club. Por el mismo principio de lealtad, en el Real Madrid el puesto se gana en los partidos y en los entrenamientos, no en los medios de comunicación.

El nombre del Real Madrid ha estado siempre acompañado por la palabra «señorío». Dentro y fuera del campo, un jugador de nuestro club debe entender que representa cien años de una historia única y a millones de personas del mundo entero. Hay que tener un comportamiento respetuoso con los compañeros, árbitros y rivales. El triunfo también es consecuencia de una superioridad moral.

Vestir la camiseta del Real Madrid es asociarse a todos estos valores que han convertido a nuestro club, que ya es el tuyo, en el mejor del mundo.

Como pueden ver, se pretendía trasladar a los jugadores una idea muy simple: los valores que defienden cuando se ponen la camiseta del Real Madrid.

El documento se le entregaba a Raúl González en español, a Luis Figo en portugués, a Zinedine Zidane en francés y a David Beckham en inglés. Se trataba de ponerle acento a principios fundamentales que honran la ética, el espíritu de superación y la integración a través del deporte. Claro que la emoción nos vuelve sectarios, pero los sentimientos no tienen por qué interferir en cuestiones básicas, como que el club debe estar siempre antes que el equipo y el equipo siempre antes que cualquier individuo.

La lluvia fina

Eso que llamamos estilo es el gran capital de una empresa y debe ser defendido con el mismo entusiasmo por cada uno de sus miembros. Para que esta cultura corporativa se mantenga vigente, no basta con que un discurso caiga sobre una organización como un chaparrón. Debe caer como una persistente lluvia fina sobre todos los integrantes del club y respetar algunos requisitos:

- Debe ser sucinto y fácil de entender.
- Debe mantenerse en el tiempo como parte fundamental de una cultura.
- Debe ser atractivo como todo lo que produce orgullo.
- Debe sustentarse en viejos relatos, renovarse en aportaciones presentes y estar abierto a futuros espacios de reflexión.
- Debe permitir aportaciones del equipo, para que todos se sientan comprometidos en su defensa.

Quiero terminar diciendo que cuando hay convicción institucional en la definición de un estilo, habrá continuidad en su defensa y se terminará contagiando a los aficionados. Incluso terminará siendo respetado por los rivales. Es increíble comprobar cómo las personalidades de los equipos terminan por filtrarse en los jugadores hasta llegar a las gradas y extenderse a los aficionados más remotos. Da igual que hablemos del estilo artístico del Barça o del estilo «apache» de Osasuna. En el Camp Nou se festeja un gol como si hubiera terminado un acto del ballet Bolshói, mientras que en el Reino de Navarra se grita como si hubiera caído un elefante después de un día de caza. Si todavía se pregunta qué es lo que nos enseña el estilo, la respuesta es sencilla: nos enseña a saber quiénes somos.

Ideas clave

El estilo es mucho más que la forma. Es el modo de ser de una empresa o de una persona. Lo que nos indica cuál es la sensibilidad profunda que la anima. Y quien tiene un modo de ser, se distingue, marca una diferencia. Tranquilo todo el mundo: el resultado importa. Pero atención, porque si olvidamos que el estilo se antepone, ponemos en peligro todo, incluso el resultado.

El Real Madrid tiene una historia triunfal y un estilo construido por centenares, si no miles, de personas. Sin embargo, en su historia emergen dos figuras tan sobresalientes que, en lo institucional, el club se parece a Santiago Bernabéu y, en lo deportivo, el equipo se parece a Alfredo Di Stéfano. Detrás de toda organización que ha construido una leyenda, siempre hay grandes personalidades que dejaron su marca para siempre.

Cuando el estilo es tan sólido que pasa a ser parte sustancial de una cultura, hay que defenderlo y divulgarlo por cada rincón de la empresa, porque se trata de su mayor capital.

Que nadie se equivoque, cuando se pierde un partido o un campeonato, siempre habrá otras oportunidades; cuando se pierde el estilo, se pierde todo.

5

El poder de la palabra

¿Hasta qué punto el fútbol necesita de la palabra? Hace muchos años leí una crónica del gran periodista uruguayo Diego Lucero que guardo en algún rincón de la memoria. Hablaba de un partido sin mayor trascendencia que enfrentaba a Temperley con Newell's Old Boys y en el que ocurrió algo especial: De Marta, jugador sordomudo de Temperley, convirtió un gol y salió corriendo a celebrarlo. Como un loco. La felicidad fue tal que, contaba Lucero, De Marta se lanzó histérico sobre un micrófono a gritar: «¡Mama… gol!». Lucero terminaba el relato diciendo: «Se oyó clarito». Yo le creí siendo un niño y, lo que es mucho peor, le sigo creyendo ahora. ¿Cómo no vas a gritar cuando metes un gol? Qué más da que seas sordomudo… Con esta hermosa historia, doy por comprobado el poder de la palabra. Y también el poder del gol.

Pertenezco a una generación que, en su infancia, vivía el fútbol a través de la radio, de los periódicos y de las revistas de la época. De modo que la palabra, para mí, es un complemento imprescindible del fútbol. Lo completa. Hoy el fútbol entra en las casas a través de la televisión o de las mil variables que ofrece la tecnología. En todo caso la imagen, para las nuevas generaciones, es parte sustancial del pulso de esta época y del lenguaje que les vincula con el fútbol.

Palabra de líder

Para el ejercicio del liderazgo, las palabras siguen siendo insustituibles. Sabemos que no hay una única manera de ejercer la autoridad. El filósofo Fernando Savater lo dice así: «La autoridad se tiene por percusión o por persuasión. O violencia o argumentos seductores». La transfusión de aplomo o de pasión por medio de simples palabras constituye un rasgo característico de los grandes líderes. El ejemplo es un buen modo de transmitir, cómo no; pero necesita de la palabra para acentuar su valor. Porque a través de ella bajamos hasta el fondo de los problemas, pero también vagamos por matices que la simple práctica suele esconder.

Todo gran líder es un comunicador eficaz que sabe perfectamente cómo manejar las aspiraciones y los temores de las personas a las que dirige. Ya he adelantado que hay tantos modos de seducción como personalidades, pero sin una narración eficaz es imposible transmitir, contagiar, convencer.

Acercar el lenguaje a la gente

Me parece importante volver a humanizar el lenguaje en las relaciones profesionales. El mundo empresarial parece complacerse en ser frío. Como si marcar una cierta distancia afectiva contribuyera a transmitir y hasta a acentuar una sensación de seriedad y rigor. Pero sería inteligente preguntarnos: ¿a quiénes motivan palabras como disciplina, control, gestión, eficiencia o burocracia? La emoción está en otra parte. Si resulta sorprendente que los grandes ideales hayan desaparecido del discurso empresarial, entra en el terreno de lo insólito que, en nombre de la prestigiosa eficacia, hayamos empezado a enterrar todo atisbo de placer y felicidad en el lenguaje deportivo. ¿Para qué inventamos el juego sino para escapar de la cruda realidad?

Debiera ser un imperativo hacer que las palabras suenen más cercanas, accesibles, atractivas. Olvidarse de la pretensión de parecer más interesante por el simple hecho de convertir lo simple en complejo. En la órbita política hay ocasiones en que se buscan rodeos que nos distancian tanto de la realidad que la perdemos de vista. También el empresariado aprendió a esconderse detrás de los velos del eufemismo. Y cuando se ve obligado a escribir la verdad en un contrato, la redacta con letra pequeña para que el exceso de transparencia no hiera ni la sensibilidad de los consumidores ni los intereses del negocio. A veces nos queda la impresión de que los empresarios y los consumidores, antes que buscar lugares de encuentro, libran una batalla.

En medio de la batalla, el mensaje

En el fútbol las batallas semanales son reales. No olvidemos que el lenguaje bélico es el más utilizado por el periodismo especializado en materia futbolística. Pero, entre partido y partido, existe un espacio para los entrenamientos y, por tanto, también para la reflexión y el debate. Ahí es donde debemos acabar con las dudas, que son un pésimo acompañante cuando llega la hora de competir. Será el entrenador quien llegue a conclusiones para que el equipo salte al campo solo con certezas. Las oportunidades para hablar se aprovechan o se pierden antes de que comience el encuentro. Una vez que el árbitro pita el inicio, el debate queda para los aficionados.

También en el mundo de la empresa convencional hay momentos. Se puede invertir todo el tiempo que se quiera en el imprescindible debate sobre los protocolos más convenientes sobre atención al cliente. Pero conviene que cuando el cliente diga «buenos días», esa controversia ya haya terminado y se le dé una respuesta ajustada al criterio general.

El líder necesita de las condiciones adecuadas para poder mostrar sus dotes. En el fútbol es en los descansos de los partidos donde se demuestra esa capacidad de impacto que todo guía debe saber utilizar. Ahí, en mitad del encuentro, se da la situación perfecta para comprobar el valor de la palabra. Un tiempo limitado (de apenas quince minutos) que los jugadores tienen para descansar y los entrenadores para intentar modificar lo que no funciona. Queda la segunda parte, que es la última parte o, para decirlo en un tono aún más dramático, la última oportunidad. En estos intermedios, el discurso debe ser claro, corto, sustancial... Contundente. Debe tener, en definitiva, todas las virtudes de la buena comunicación. A veces es necesario devolver la calma; otras, despertar a los distraídos; casi siempre, agitar la competitividad.

Es en ese momento, en el que apremia el tiempo y la tensión, cuando el entrenador debe sacar la mejor versión de su patrón de mando. Así, un mismo entrenador puede parecer un cura dando un encendido sermón, o un padre protector, o un actor dramático, o un provocador de baja estofa, o un refinado psicólogo... A veces el discurso debe centrarse en aspectos puramente técnicos; otras, en cuestiones físicas; otras, en detalles individuales... Pero no nos engañemos, todo está en la cabeza; es ahí donde el líder se tiene que meter para empujar a sus jugadores hacia el máximo esfuerzo y compromiso.

Sabemos que a los límites solo los desafía un gran estímulo. Y debo decir que, según mi experiencia, siempre que faltó la palabra fue porque las cosas se habían puesto muy feas. En uno de esos intermedios, vi a un entrenador lanzando una bota a la cabeza de un jugador. Opción que, como podrán suponer, descartaba cualquier apelación al diálogo. También vi a un entrenador que dejó pasar minuto a minuto todo el descanso en medio de un silencio monacal... y que, en el momento en que el árbitro reclamaba al equipo y los jugadores se levantaban pesadamente de sus asientos para saltar al campo, dijo de pronto: «Un momentito. Recuerden que le tienen que dar el balón a los que tienen la camiseta de este color», al tiempo que sacudía una camiseta del propio equipo por encima de su cabeza. Es cierto que, en los dos casos, se hacía necesario una cachetada psicológica ante la decepcionante actuación completada durante la primera parte. Son situaciones de emergencia que requieren una descarga que desate la adrenalina.

Hay líderes cuya personalidad volcánica necesita del énfasis para transmitir. Y hay momentos en que la autoridad no se explica, se aplica. Es más, en época de fuertes crisis el afecto puede alejarnos de la exigencia. Dicho esto, si el grito no va acompañado de una idea, es solo ruido, como aquel famoso «caso» protagonizado por Benito Floro en los años noventa cuando, siendo entrenador del Real Madrid y en un partido disputado frente al Lérida, un micrófono indiscreto captó su discurso («Haced lo que os salga de la polla, pero ganad…».). Aquellas palabras no expresaban más que la desesperación de un conductor al que se le habían terminado los recursos argumentales. En cierto modo, se trataba de una rendición. Demás está decir que, dentro de la enorme presión que se sufre en este ambiente y que todos los que hemos sido protagonistas hemos vivido tantas veces, esa confusión resulta comprensible, pero no aceptable.

La persuasión tranquila

Pero los argumentos no necesitan de un énfasis especial cuando son convincentes. César Luis Menotti fue siempre un hombre de convicciones profundas y con una fuerza seductora incomparable en sus discursos. Una de sus mejores «actuaciones» la protagonizó en Florencia, en un partido amistoso que la Selección Argentina disputó frente a la Fiorentina. En la primera parte la Selección Argentina perdía 3-0 y, conociendo a Menotti, todo el mundo esperaba una bronca inolvidable. Pero, en medio del silencio sepulcral de un vestuario humillado, el «Flaco» arrimó una silla al grupo, se sentó tranquilamente y dijo, como si el resultado fuera solo producto del destino: «Qué increíble es el fútbol, ¿no? No se preocupen porque seguimos siendo muy superiores, siempre y cuando respetemos nuestro fútbol…». Y en un tono calmo y con un ritmo pausado, dio las instrucciones adecuadas para que el equipo se reencontrara primero con el aplomo perdido y después con su conocida competitividad.

Aquella actitud serena contenía una tremenda confianza en un grupo que había dado pruebas sobradas de profesionalidad. Solo recuperando la calma el equipo podría reencontrarse con su juego. Aquel partido terminó 3 a 3. A lo mejor un grito hubiera producido el mismo efecto. O no. Los excesos de autoridad tienen mucho prestigio, pero muchas veces la medicina adecuada, cuando se compite al borde del sistema nervioso (y no hablo solo de fútbol), es la transmisión de un mensaje preciso y sereno.

Cuando la credibilidad toma la palabra

Luis Molowny es un mito del madridismo que tuvo un doble protagonismo: primero como jugador y luego como entrenador. Una vez terminada su carrera futbolística, su tarea central, durante diecinueve años, estuvo en la dirección del fútbol base del Real Madrid, pero se hacía cargo del primer equipo siempre que una de esas recurrentes crisis incendiaba una temporada. Llegaba a un vestuario lleno de estrellas rutilantes y daba un discurso relajado, fácil de entender, lleno de sentido común. Todo lo que decía se parecía al Real Madrid porque su misma personalidad expiraba los valores del club. Por otra parte, como era reconocida su bondad y honradez personal, nadie ponía en duda la justicia de sus decisiones. Lo cierto es que, con ese alarde de normalidad en su relación con el grupo, terminaba consiguiendo éxitos rotundos. Y una vez logrado, volvía al primer plano formativo (y segundo plano mediático) que tanto le gustaba. Cada vez que fue reclamado por el primer equipo, Molowny dio una demostración de conducción inteligente, sin necesidad de alardes napoleónicos. Vicente del Bosque, heredero de esa estirpe, supo llevar ese talante que el Madrid convirtió en escuela a la Selección Española, logrando alcanzar una Eurocopa y nada más y nada menos que un Mundial. Se trata de personajes con gran autoridad moral, que hablan desde la seguridad de que su voz contiene la inteligencia y la sensibilidad acumulada en la historia de su club.

Estamos ante un tema interesante. Los discursos más potentes de los grandes líderes tienen que ver siempre con el orgullo de pertenencia. Por esa razón existen líderes que fortalecen lo propio desde la defensa de los valores, y otros que se inventan o agigantan a los enemigos para producir un efecto reactivo que también termina resaltando lo propio. Excitar las altas o las bajas pasiones, de eso se trata. Son dos modos de traficar con la audiencia apelando a la identidad. Está todo inventado: las fuerzas incluyentes y excluyentes son parte esencial en el discurso de los grandes líderes políticos, empresariales, religiosos y también deportivos. Los ejemplos nombrados (Molowny, Del Bosque) dignificaron lo propio refugiándose en el legado cultural que aprendieron y transmitieron en el club. Aunque los tiempos cambien, ellos quedan en la memoria colectiva como lo que son, referentes culturales.

Hablar y escuchar: comunicar

A través de la palabra llegamos a un tema tan esencial como la comunicación. El mejor lubricante para cualquier tipo de relación y en la que, no debemos olvidarlo, es tan importante el decir como el escuchar. Esa empatía es una virtud que caracteriza a los grandes vendedores, capaces de adaptarse a interlocutores de procedencias sociales y sensibilidades muy distintas. Tarea muy difícil y esencial, ya que de esa capacidad de manipular al otro, de convencerlo con artes persuasivas, ha dependido nada más y nada menos que la historia de la evolución. La alternativa a la persuasión ha sido matarnos entre nosotros, cosa que seguimos haciendo con una frecuencia y estupidez desconcertantes.

Hay pocas personas que se puedan entender con individuos de origen y órbita social muy distintos a los suyos. Me contaron que la boda de Kaká fue un gran espectáculo social. Los padres del jugador y la familia de su novia pertenecen a la alta burguesía brasileña, y muchos de los invitados a la boda provenían de ese ambiente privilegiado. Por otra parte, Kaká, en el momento de casarse, ya era una figura mundial del fútbol y eso le había permitido entablar amistad con ese atractivo zoológico humano que son los jugadores. Al parecer, su boda puso en contacto a los dos mundos. En un lado el Brasil rico y elegante, en el otro lado el Brasil pobre subido a una prosperidad de última hora, la que permite el fútbol. Agua y aceite. Solo una persona tenía la suficiente gimnasia para moverse con naturalidad entre las dos orillas: Kaká.

La historia me pareció interesante porque durante mucho tiempo viví en esa esquizofrenia. El ejecutivo de un club de fútbol tiene que relacionarse con el Consejo de Administración y con el vestuario en una lucha diaria de adaptación al medio. Ante el Consejo debe sacar una personalidad, porque los directivos necesitan que se les descomponga el juego con un discurso en el que dos más dos terminen sumando cuatro. Todo tiene que responder a una lógica empresarial y eso requiere un lenguaje frío, en el que no tienen cabida ni la improvisación, ni el azar ni la emoción. En el vestuario no sirve la misma persona, porque ahí dentro seducen otros códigos que confunden el lenguaje profesional con el de barrio, donde las palabras académicas suenan extrañas y donde, sin apelar a la pasión, el discurso no llega a ninguna parte. La fascinante lucha por la adaptación requiere una personalidad camaleónica para sintonizar con distintos caracteres.

Recetas

Los líderes deben reafirmar permanentemente los objetivos y el rumbo de los acontecimientos. Porque, en el confuso remolino de la actividad diaria, se dicen o hacen cosas que muchas veces parecen contradecir las líneas maestras de la estrategia. De modo que:

- Hay que buscar oportunidades para comunicar.
- Hay que aumentar la frecuencia de la comunicación en los momentos de crisis. No solo por el valor de la palabra, sino porque la comunicación fortalece el vínculo. Nuestra gente necesita sentir que se confía en ella. Muchas veces esta interacción es más importante que la comunicación misma.
- Hay que abordar las cuestiones importantes. Siempre que se encaran frontalmente los temas delicados, queda fortalecida la posición del líder.
- Hay que comunicar con positividad.
- Hay que hacer un esfuerzo para que todos se sientan parte del éxito compartiendo el protagonismo.

- Hay que ponerse en el lugar de quien está escuchando.
- Hay que contar historias relevantes.
- Hay que comunicar con pasión.

Un líder debe ser dueño del «porqué». Pero para transmitirlo, no para quedárselo con sentido patrimonial. Saber los «porqués» de cada decisión resulta esencial para que cada miembro de una organización sepa exactamente dónde reside la importancia de su trabajo. Ya que las personas que formamos parte de un equipo necesitamos sentirnos útiles, conviene que todos los integrantes sepan de qué modo pueden lograr esa eficacia.

M. Csikszentmihalyi, psicólogo y profesor polaco-norteamericano, apunta que «si el líder demuestra que su propósito es noble, que el trabajo permitirá a las personas conectar con algo más grande y permanente que su existencia individual, la gente dará lo mejor de sí misma a la empresa». Aunque seamos un simple tornillo de la gran maquinaria, tenemos derecho a sentirnos parte de algo trascendente y a disfrutar de la hermosa sensación del trabajo bien hecho.

Adiós misterio

Debido a la tremenda influencia de las nuevas tecnologías, la comunicación tiene ahora una variable más delicada porque todos los equipos, deportivos o empresariales, son de cristal. Y no por frágiles, sino por transparentes. Lo que decimos, da igual el ámbito, trasciende. Aunque sea en una conversación mano a mano con un colaborador, hay que hablar como si se estuviera televisando para el mundo entero. Es más, siempre que uno pretenda que algo se haga público, la mejor solución es llamar a una reunión secreta. Por esa razón el líder, cuando habla, debe ser consciente de que lo hace para la humanidad y que cada cosa que dice será interpretada. No siempre con buena intención. Las redes sociales, la voracidad mediática, la curiosidad insaciable del ser humano potenciada por todos los avances tecnológicos obligan a un ejercicio diario de prudencia, pero sin perder nunca la iniciativa. Es el líder quien debe marcar la agenda. Y cuando el ruido exterior es tan grande que empieza a crear inquietud o confusión, hay que tomar la palabra para que todo vuelva a su lugar y la incertidumbre no provoque una metástasis de consecuencias irreparables. Si el líder no es capaz de tomar esa iniciativa, la batalla la terminan ganando las peores personas, aquellas que no respetan ninguna regla.

El fin del misterio es uno de los problemas esenciales del liderazgo actual. No es un tema menor, porque los períodos de aislamiento han sido siempre tan esenciales para la fortaleza de los grandes personajes como la exposición pública. Tener el sentido de la oportunidad para aparecer y desaparecer en los momentos justos, para ser un rato visible y otro invisible, es un síntoma de inteligencia. Tomar distancia no solo es importante para que el misterio trabaje sobre el inconsciente colectivo. También sirve para que el líder recupere la perspectiva, tan importante para quien tiene responsabilidades estratégicas. El protagonismo exagerado tarde o temprano crea una caricatura.

La palabra: cuestión de vida o muerte

¿La palabra encendida? ¿La palabra reflexiva? ¿La palabra compartida? ¿El silencio, que no es más que la sustracción de la palabra? Lo ideal es que un grupo tenga cauces abiertos de comunicación cada vez que se encuentra ante una incertidumbre. Porque nunca hay que olvidar que una empresa con voz es una empresa viva; y una empresa muda es una empresa muerta.

En una ocasión animé a un jugador a que fuera más comunicativo con el equipo: «Necesitamos de tu experiencia —le dije—. Atrévete a hablar porque nos va a convenir a todos». Nunca olvidaré la respuesta: «Es que yo soy muy terco en palabras».

No importa si terco o parco; lo importante es que las relaciones del equipo se purifiquen permanentemente y eso solo se consigue a través de una buena comunicación.

Ideas clave

El fútbol es la mejor prueba de la importancia de la comunicación. Sin su tremenda capacidad de adaptación a todas las revoluciones mediáticas (prensa, radio, televisión, internet, redes sociales…), este deporte no sería el extraordinario fenómeno global que es.

El fútbol es poca cosa sin la palabra; el líder, también. La palabra persuade, matiza, convence, quita o pone tensión, guía los sueños… Si el ejemplo transmite desde la práctica, la palabra tiende puentes entre las inteligencias. Este capítulo defiende el diálogo porque el libro entero cree que la comunicación es el gran instrumento de los equipos participativos para que los integrantes intenten crecer juntos.

«Menos mal que con fusiles no se matan las palabras», me cantan Fito y Fitipaldis mientras escribo esto. Efectivamente, menos mal. Cuando falta la palabra, asoma el autoritarismo, gana terreno la incertidumbre y los individuos empiezan a descolgarse del grupo.

Solo quien sabe escuchar será capaz de encontrar las palabras justas para comunicar con el sentido de la oportunidad que merece la ocasión. El gran líder es un gran contador de historias que nos habla de la identidad.

6

El poder de la curiosidad

En un mundo veloz en el que el tiempo se ha vuelto más impaciente, quien carece de inquietudes corre el riesgo de volverse viejo en un año. Cambian en tiempo récord los vehículos de comunicación, pero también el lenguaje, los valores y hasta los paradigmas. Definitivamente, el tiempo ya no es lo que era.

Quien tiene curiosidad no le tiene miedo al futuro porque se abre de un modo natural al cambio, a las ideas, a la innovación. Tener curiosidad es mantener siempre vivo el deseo de aprendizaje; pero es también el único modo de mantenerse conectado al mundo y de no ser superado por el entorno.

Nunca sabemos lo suficiente

Cuando Pep Guardiola decidió ser entrenador, estaba avalado por una larga carrera profesional y por certezas cartesianas sobre sus gustos futbolísticos. Pero antes de sentarse en un banquillo jugó en Italia para mirar, desde la cultura opuesta, el juego de largas posesiones de balón en el que se había educado durante toda su carrera en el F.C. Barcelona. La experiencia no le aportó gran cosa a su discurso central, pero aprendió detalles menores que un entrenador no puede despreciar. Más tarde aceptó y honró una oferta para jugar en Los Dorados de Culiacán (México) por el interés profesional de ser entrenado por Juan Manuel Lillo, con quien compartía ideas y del que podía extraer enseñanzas útiles. Fue a Culiacán durante un año más por el deseo de aprender que por el placer de jugar. Luego viajó a Argentina para cambiar impresiones con César Luis Menotti y Marcelo Bielsa sobre aspectos centrales (el juego mismo) y periféricos (por ejemplo, el mejor modo de relacionarse con los medios de comunicación) de su nueva profesión. Finalmente se hizo cargo del Barcelona B (que militaba en Tercera División), auténtico laboratorio donde puso a prueba sus ideas y le tomó el pulso a su nueva tarea.

Solo una temporada más tarde Guardiola ya estaba al frente del Barça, donde logró una serie de éxitos difíciles de igualar. Pero en lugar de refugiarse en la seguridad de aquellos caminos que le llevaron al triunfo, en cada temporada Pep exploró nuevas posibilidades. Cambiando la posición de Messi, apostando por un número nunca visto de centrocampistas, jugando con cuatro o tres defensas…

En esa búsqueda demostró su calidad de liderazgo dando algunas lecciones que conviene resaltar:

- Las transformaciones hay que hacerlas cuando las cosas funcionan. Es en el éxito, ya que el ambiente se hace más distendido, donde la capacidad de asimilación de los jugadores es más permeable. O, si preferimos mirarlo desde el otro lado, hay que evitar que la electrificación ambiental que acompaña todo fracaso vicie el legítimo deseo de cambio. «Si funciona, arréglelo», es una frase clásica del management atribuida al gurú, también clásico, Peter Drucker.

- Las variaciones no deben tocar la esencia. Como esas canciones antiguas que, por obra y gracia del talento, un arreglo musical convierte en modernas y les descubre un nuevo atractivo. En el mundo empresarial la innovación solo debe encontrar dos límites: el estilo deberá ser siempre reconocible y la cultura corporativa no se debe poner nunca en peligro.

- Cuando un equipo se sitúa ante nuevos desafíos, se mantiene alerta. La rutina constituye un enemigo que corroe día a día, y de un modo casi imperceptible, el sentido del riesgo que debe impulsar toda aventura. El que innova pone al grupo frente a un nuevo reto.

- Los cambios que realiza un equipo suponen obstáculos para el espionaje que la competencia está obligada a realizar en su intento por desentrañar el mecanismo de su juego. Cada vez que el rival cree haber descubierto el truco, un cambio le obliga a un nuevo esfuerzo de adaptación.

Pep Guardiola es distinto porque es un innovador, alguien que cambió el fútbol desafiando las tendencias. Pero la creación nace de asociaciones insólitas de ideas y para eso es necesario una enorme cantidad de información.

Empujar los límites

Quizás el premio más importante que haya recibido Guardiola es el reconocimiento por haber empujado el fútbol más allá de la obsesión táctica y física que lo estaba estancando. Hoy la técnica colectiva, que había sido desplazada hacia lo contracultural, empieza a marcar tendencia. Se imita al que gana, es cierto, pero también a quien hace las cosas bien, al que genera una cierta fascinación, a quien tiene el coraje de revolucionar lo conocido. En los últimos campeonatos también la Selección Española consiguió grandes triunfos con «locos bajitos» que manejan el partido con una astucia táctica que requiere un gran refinamiento técnico. Pero el logro va más allá. Selecciones como la italiana, con su pasión táctica a cuestas, o la alemana, poniéndole siempre el acento a un fútbol de gran protagonismo físico, empezaron a girar lentamente, como un transatlántico, hacia una nueva y más atractiva manera de hacer las cosas.

Si para algo sirve la curiosidad, es para mover las fronteras. A veces, como en este caso, no solo las propias.

El conocimiento cambió de velocidad

Durante siglos el acceso al conocimiento resultó complejo, porque no era fácil encontrarlo; caro, aunque solo fuera por la inversión de tiempo que suponía; innecesario, porque la sabiduría adquirida en la universidad, por ejemplo, podía resultar útil para el desarrollo profesional durante toda una vida.

El fútbol es un buen ejemplo. A su calidad de fenómeno simbólico contribuyó el misterio que lo envolvía. El fútbol era como ir a misa: una ocupación dominical. Hoy es un juego omnipresente que interesa a todas las capas sociales. Se nos aparece en todo momento y en cualquier tipo de pantalla en estado natural, troceado, analizado hasta la saciedad. La industria del espectáculo nos descubrió demasiadas cosas del juego, incluso algunas distanciadas de nuestra identidad. Un chico de cualquier latitud se puede sentir interesado por un Manchester United-Chelsea, un River Plate-Boca Juniors o un Barça-Madrid, por ejemplo, y saberlo prácticamente todo de cada uno de esos equipos. La televisión pasó a ser el nuevo lenguaje que nos relaciona con el fútbol de un modo familiar y con los jugadores de un modo casi íntimo. De una cámara fija y un relato neutro que animaba partidos que veíamos una vez por semana, hemos pasado a partidos diarios desmenuzados por veinte cámaras y analizados como si el mundo se terminara en cada jugada.

Desde un punto de vista técnico, la transformación es igual de grande. No hace tanto tiempo que un partido era una foto fija. Cada jugador sabía una cosa, pero la sabía tan bien que, gracias a ella, vivía del fútbol toda la vida. Un lateral, por ejemplo, debía marcar a un extremo y de su eficacia dependía su nota final. Hoy tiene que manejar muchos más aspectos del juego. Un lateral cruza como un explorador por el centro del campo para sumarse al ataque con la decisión de un delantero. Y terminada la misión atacante, debe volver rápidamente para cumplir con sus obligaciones defensivas.

¿Dónde aprendió todo eso? De los laterales de todo el mundo, porque cada jugador no solo es un profesional, sino también un maestro que imparte clases por televisión. Desde la lógica ya comentada: primero se admira y después se emula. Cualquier proyecto de jugador tiene en la televisión un laboratorio lleno de posibilidades.

No siempre fue así. Mis ídolos eran de carne y hueso y jugaban en el equipo de mi pueblo. Era a ellos a quienes imitaba en un descampado después de verlos jugar el partido de los domingos. A los grandes jugadores nacionales e internacionales solo podía verlos en foto. Resultaba imposible imitar su patrón de juego. Hoy, un niño de cualquier continente tiene acceso a Leo Messi o a Cristiano Ronaldo para robarle jugadas con todo el derecho que da la admiración. Un cambio trascendente que dio acceso a una cultura universal.

Me preguntan con frecuencia quién ha sido mi mejor maestro, y siempre contesto que nada me ha enseñado más que la práctica del juego. El deporte ha hecho una gran contribución a la humanidad: el entrenamiento. Su lógica se puede aplicar a cualquier proyecto empresarial. Cuando no somos capaces de realizar alguna actividad de un modo natural, insistir con un método y una disciplina nos puede ayudar a resolver ese problema. Lo diré desde un proverbio chino: «Si yo escucho, olvido; si yo veo, recuerdo; pero si yo hago, comprendo». Con la ayuda del tiempo, esa gimnasia nos ayudará a hacernos mejores. Tuve un buen amigo que tenía serias dificultades para hablar en público. Cansó al espejo de tanto hablarle, pero lo cierto es que terminó moviéndose con una soltura inesperada por escenarios muy exigentes.

Si la innovación llegó al perezoso mundo del fútbol, imaginemos lo que ocurre, por ejemplo, en cualquier empresa puntera de tecnología donde la innovación es un desafío diario que abre infinitas perspectivas de negocio.

Ante lo nuevo, preguntar…

El miedo al cambio es sustancial al hombre, al que cuesta sacar de la llamada zona de confort. Comencé a jugar al fútbol profesionalmente cuando la preparación física empezó a comerle terreno a la técnica. Después de los partidos nos obligaban a pesarnos para medir el desgaste. Era lo más parecido a la ciencia que se había visto nunca en un vestuario. Algunos jugadores veteranos rechazaban aquellas novedades. Uno de los más célebres del equipo solía bajarse de la báscula diciendo: «Hoy jugué un fenómeno, adelgacé casi tres kilos». O, forzando aún más la burla: «Hoy anduve flojo, engordé trescientos gramos». Era un modo de decir que la verdad estaba en otra parte, pero sobre todo era pavor a algo nuevo que se estaba aproximando. La báscula era solo una señal.

Hoy el futbolista se aprovecha de botas que tienen el peso de una pluma, de cámaras hiperbólicas que facilitan la recuperación, de especialistas que le ayudan a potenciar distintos rasgos de su juego. Para cualquier ciudadano, hoy el conocimiento es un producto de primera necesidad y, gracias a la tecnología, lo tiene al alcance de un clic. Un privilegio inmenso que pide una condición: que se tenga un mínimo de curiosidad. La inteligencia de estos días consiste, más que en tener todas las respuestas, en saber hacer las preguntas adecuadas. En lo profesional, la curiosidad es imprescindible si uno quiere encontrar soluciones singulares.

El arte y el juego no se miden

Hay aventuras humanas en las que la tecnología debe encontrar un límite. No es lo mismo cazar un león ahora que hace cien años. Pero si dotamos al cazador de satélites, ordenadores y armas sofisticadas, al final se terminará matando al león sin conocerlo en persona. Incluso desde el salón de nuestra casa. Al fin y al cabo es lo que hacen los «Drones», aviones sin tripular que se manejan desde bases militares en territorio estadounidense y atacan a enemigos en Afganistán. Una vez terminada la jornada, el militar al cargo de la misión recoge a su hijo del colegio y se van a merendar juntos. Ajenos, supongo, al drama que sembraron en la otra punta del mundo.

El fútbol es todo lo contrario a la tecnología, aunque cada día más gente pida que los árbitros sean sustituidos por máquinas de hacer justicia. Yo pienso que su condición de juego salvaje rechaza, casi por principio, toda pretensión de modernidad. Pero esa teoría (que está a punto de ser vencida) solo la defiendo en relación con el propio juego. Fuera del campo, el imperio de la tecnología sirve para que el balón sea más redondo, las camisetas más livianas, las botas más aerodinámicas… También para visualizar y descomponer los partidos. Estudiar con detalle los aciertos y errores de nuestro equipo y del adversario. Los grandes clubes tienen activado un equipo de varias personas cuya misión consiste en desvelar todos los secretos del rival. Cada jugador debe saber al detalle lo que se va a encontrar en su área de actuación. Esos datos que repasan en carpetas impecables y esas imágenes que ven una y otra vez en los días previos al partido sirven para tener más certezas sobre las intenciones del adversario y, al tiempo, para ir entrando en el clima emocional que nos va a proponer el encuentro. La información nunca sobra y sirve tanto para la cabeza como para el corazón.

Estar conectado al entorno

Cuando el líder propone un cambio, es muy importante que, previamente, vuelque sobre el equipo una información base en la cual poder apoyarse. Porque, en las aventuras colectivas, todos deben ser parte del proceso de aprendizaje. En el proceso preparatorio para el Mundial de Italia 1990, Argentina disputó un partido amistoso en Guatemala. El partido se jugó a las doce de la mañana y todos los jugadores parecíamos tener la cabeza en otra parte. Jugamos fatal. Mediada la segunda parte, Carlos Bilardo decidió el ingreso del «Vasco» Olarticoechea: «Entrá vos Vasco, porque están todos dormidos. —Y lo cargó de instrucciones—: Cuando tengamos la pelota apoyá por el sector izquierdo, pero antes decile a Giusti que se meta hacia dentro. Cuando la perdamos, acercate a Batista y a Giusti para defender juntos. Decíle a Valdano que ya no es necesario que baje tanto…». El pobre Vasco iba almacenando todas las instrucciones, pero entendió que le faltaba un dato:

—Pero… ¿por quién entro, Carlos?

La respuesta de Bilardo fue implacable: «¿Con todo lo que te dije aún no sacaste esa conclusión? Vos estás igual de dormido que los que están jugando. Sentate en el banquillo otra vez». La información es tan importante como ponerla en el contexto justo y saberla transmitir.

Mirar profundo, mirar lejos

Sin embargo, la curiosidad no solo tiene que ver con la información técnica. Un líder debe saber mirar hacia los recursos humanos con los que cuenta y entender que no son hormigas obreras. Cada persona es un enigma que se debe descifrar. Porque solo conociéndolas a fondo sabremos para qué sirven, qué les estimula y de qué modo podemos procurar la lealtad de cada uno de ellos hacia el proyecto, hacia el equipo, y también hacia nuestro liderazgo.

La ciencia ya demostró que el diálogo entre científicos de campos diversos puede llevar a hallazgos inesperados. Saber, interesarse, estudiar, todo sirve para ayudarnos a asociar ideas que nos conduzcan a soluciones originales. Esa verdad le sirve, incluso, a un juego tan primitivo como el del fútbol. Y esa inquietud es tan importante para el entrenador como para los jugadores.

Hace veinticinco años un futbolista podía empezar y terminar su carrera en un mismo equipo. Por otra parte, el fútbol era lo único que teníamos, de modo que era difícil confundirse. Hoy un futbolista está sometido a una gran movilidad que puede llevarle a ejercer su profesión en distintos países. Además, su enorme popularidad le convierte en referente social y en modelo publicitario, situación que le obliga a prepararse no solo para afrontar los desafíos que el fútbol propone dentro del campo, sino también para asumir un nuevo papel fuera del terreno de juego: el que le asigna la sociedad como referente de todas las cosas (desde la forma de cortarse el pelo, hasta el modo de comportarse).

Empujados a ser maestros

Sin una formación que sea capaz de atender estos retos, será muy difícil que el jugador explore todas las posibilidades que su condición de nuevo héroe le ofrece. Por otra parte, la enorme fama de los futbolistas los convierte en centro de la curiosidad de millones de niños. Sócrates solía decir que debería figurar en la Constitución de un país la obligatoriedad de que un jugador que llegue al profesionalismo tenga una preparación académica a la altura de los retos actuales. Su propuesta, como su misma personalidad, era un poco exagerada, pero tenía una base sólida: ¿a quién atiende con más atención un niño de hoy en día? ¿A un político? ¿A un intelectual? ¿A un artista? Es posible que no sea un buen dato social, pero muy probablemente la respuesta sea: a un futbolista.

Lo que ocurre es que, como apuntaba Sócrates, la sociedad le pide a estos chicos cosas para las que no están preparados. Ser famoso, en estos días, llena la vida de estos jóvenes héroes de paradojas. He visto casos de algunos a los que «el mercado» obligó a escribir una biografía cuando aún no tenían ni veinte años. La paradoja consistió en que ese chico escribió un libro cuando aún no había leído ninguno. ¿Exageraba Sócrates o exagera el mercado?

Ideas clave

El tiempo pasa tan rápido que el conocimiento envejece en apenas un parpadeo. Solo la curiosidad nos permite perderle el miedo a este estado de cambio permanente. Las ideas (la innovación en general) no nacen de un repollo, sino que surgen de una profunda formación, que se logra cuando la curiosidad nos lleva a la búsqueda del conocimiento.

Hasta un ámbito en apariencia tan físico como el del fútbol está abierto a continuas revoluciones impulsadas por gente inteligente como Pep Guardiola, porque eso que consideramos una expresión física no son más que ideas en acción. En áreas como la de la tecnología, basta con estar distraídos un mes para ser superados por las novedades. El conocimiento ya no es un patrimonio exclusivo de sabios, sino de gente normal que sabe hacerle la pregunta justa a Google. Y el inquieto nunca encontrará fin para su aventura, porque los nuevos conocimientos no hacen más que disparar nuevas preguntas.

Decía Hipócrates que «el que solo sabe de medicina ni de medicina sabe». Gran frase para estos tiempos, porque solo asociando conocimientos de campos diversos podremos acceder a ese gran tesoro llamado innovación.

7

El poder de la humildad

«Yo no jugaba solo.» Esa es la respuesta que suele darle Alfredo Di Stéfano a todo aquel que se le acerca con la intención de recordarle alguna actuación memorable o de elogiar su enorme talento futbolístico. Es una postura innegociable hacia un juego colectivo del que él solo se sentía parte. Con ocasión del centenario del Real Madrid, llegó al Santiago Bernabéu el presidente del Santos de Brasil y el club blanco organizó una comida en su honor. A la hora de los discursos, el presidente visitante buscó un lugar de encuentro entre los máximos ídolos de las dos instituciones y, apoyándose en la presencia de Di Stéfano, lo expresó con un punto de emoción: «Santos y Real Madrid tienen algo en común, dos jugadores que están en el cielo del fútbol: Pelé y Di Stéfano». Pero a Alfredo no le gustó nada verse tan arriba y le cortó en seco: «Un momento señor, que yo tengo los dos pies en el suelo». Ni por una cuestión de cortesía, Alfredo le hizo una concesión a la vanidad.

La vanidad agiganta el yo y eso tiene consecuencias gravísimas, porque en las empresas las soluciones deben ser siempre colectivas. La humildad respeta las diferencias, pero mucho más que eso. La humildad sabe escuchar, genera empatía y produce confianza.

Cuestión de proporciones

El futbolista necesita verse en las páginas de los periódicos para fortalecer la vanidad, que desempeña un papel importante en la parte de artista que hay en todo profesional que tiene contacto con una audiencia masiva. Pero, siguiendo la lección de Di Stéfano, cuidado con las proporciones. El éxito (como veremos más adelante) es un poderoso afrodisíaco, pero un penoso consejero. Sobre todo cuando desata la egolatría, parte enfermiza de la vanidad y uno de los puntos que desvela de un modo más descarnado las debilidades humanas. No solo por lo que el vanidoso tiene de impertinente, sino porque cuando el ego pierde sus límites nos saca de la realidad, que es un gran campo de enseñanza, y nos despoja de todo sentido crítico, que es donde se asienta toda capacidad de aprendizaje. De ahí a entender que existen únicamente derechos y no obligaciones hay un solo paso.

Lo sabían muy bien los generales de la Antigua Roma, que cuando eran aclamados por las multitudes al regresar de sus gloriosas campañas, desfilaban acompañados por un siervo que sostenía sobre ellos una corona de laurel mientras no dejaba de repetirles: «Recuerda, eres mortal». De ahí, por cierto, viene la expresión «dormirse en los laureles». Es improbable que hayan sobrevivido muchos esclavos que aguaran la fiesta de ese modo, pero los césares le dejaron una gran lección a la humanidad intentando compensar, con esa cuota de realismo, el clamoroso peligro de alejarse del sentido común. Estoy seguro de que el remedio no resultaba infalible porque ni las inteligencias más grandes están libres de los estragos de la vanidad. Un ego desbocado lleva a la destrucción del que lo padece y, tarde o temprano, de los proyectos que dirige. Si solo condenara a la propia destrucción, el castigo tendría una cierta lógica poética, pero lo trágico es que ese tipo de líder es capaz de arrastrar a una organización entera hacia el delirio. Según mi experiencia, el vanidoso casi siempre empeora con el tiempo. Como dice un viejo dicho popular argentino: «Antes era vanidoso, ahora me curé y soy perfecto».

Antes de elegir una forma de trabajar, hay que escoger una forma de vivir en grupo, de vivir en equipo. Y el equipo no lo forman solo los jugadores y el cuerpo técnico, sino también aquellos que rodean un vestuario: médicos, fisios, utileros, asistentes... Todos necesitan ser integrados en el proyecto. Habrá mejores y peores profesionales, gente más o menos relevante, con mayor o menor interés mediático. Sin embargo, conviene no olvidar que, en lo personal, ningún ser humano es más que otro. Ese ejercicio diario de empatía con personas de toda condición es el mejor remedio para no vivir en la nubes.

Trabajar la humildad

Pero la humildad también se entrena. Aún hoy existen equipos en el fútbol inglés en los que los jugadores deben lavarse la ropa y lustrarse las botas como parte de una vieja y sana tradición. En la Selección Argentina de la que yo formé parte, los jugadores ayudábamos a recoger el vestuario, trasladábamos los baúles de utilería al autobús después de los partidos, o cumplíamos con cualquier pequeña obligación que llevara implícita el respeto al otro.

Carlos Salvador Bilardo fue siempre uno de esos entrenadores que hacen de la austeridad una obligación comunitaria. En el Mundial de México 1986, algunos de los jugadores del equipo, y él mismo, vivimos durante los cuarenta y cinco días de concentración en unas habitaciones prefabricadas que estaban muy lejos de ser lujosas. Era imposible descubrir algún síntoma de prosperidad en nuestra manera de vestir, de viajar, de vivir… Pretendía que el sacrificio que nos pedía en los partidos lo extendiéramos a nuestro modus vivendi. Aquellos que trabajaron con él durante un largo período cuentan que en una ocasión se quejaron de una sesión de entrenamiento más larga y exigente de lo habitual. A la mañana siguiente, Bilardo despertó a toda la plantilla a las cinco de la mañana, los subió a un autobús y los llevó a una boca de metro. Aún era de noche y durante más de una hora los jugadores vieron entrar y salir a un río de gente con su cansancio a cuestas, con sus bolsas de comida, con sus maletines de trabajo, con su aire rutinario… La lección terminó cuando, después de un buen rato, Bilardo dijo: «Esta gente sale de casa cuando aún es de noche y vuelven cuando ya es de noche. No vuelvan a quejarse de los entrenamientos largos, por favor». Cuentan que aquel autobús volvió al hotel en un silencio inolvidable. El mejor entrenamiento posible es poner en valor lo que tenemos y, en ocasiones, bofetadas psicológicas de este tipo resultan oportunas.

Hace poco tiempo, el directivo de una gran empresa española con intereses en China se quejaba de las dificultades de adaptación de algunos de sus empleados a una cultura tan distinta. Contra lo que sospeché al inicio de la conversación, el discurso hablaba mucho peor de su gente que de China y ponía la humildad en el centro del problema: «En lugar de entender que llegar a un país distinto requiere un esfuerzo de adaptación, pretenden que mil cuatrocientos millones de chinos se adapten a ellos. No falla, los que van de campeones fracasan». Una vez escuché que para calcular la eficacia de un trabajador, es necesario hacer la siguiente ecuación: el talento que tiene, menos el talento que cree tener.

La humildad nos desafía

En un programa que el siempre excelente *Informe Robinson* le dedicó a Marcelo Bielsa, apareció en escena una señora mayor que lo conoce desde que este era adolescente, diciendo una frase conmovedora: «Cuando lo conocí, yo pensé que era pobre, pero no, era humilde». Es que la humildad, en su modo más puro, siempre conmueve. Pero para que tenga sentido práctico, no solo debe obligarnos a la austeridad, sino que también debe ser crítica. Está bien que nos sintamos orgullosos de nuestras fortalezas, pero es aún mejor que seamos conscientes y nos rebelemos contra nuestras debilidades. Solo partiendo de ese reconocimiento podemos progresar. Y es en el momento en que logramos esconder una debilidad, incluso transformarla en algo útil, cuando tenemos todo el derecho del mundo a sentirnos orgullosos, porque no se trata de un logro de nuestro talento natural, sino de una conquista de nuestra voluntad.

Me gusta contar la «envidia» que sentía Maradona por la velocidad de Claudio Caniggia y su manera de reprochársela: «Vos tirás la pelota hacia delante y ya está, porque le ganás la carrera a cualquiera. Yo tengo que andar mostrando y escondiendo la pelota para defenderme de la falta de velocidad». Hasta los genios tienen motivos para quejarse de la injusta naturaleza; lo que pasa es que a ellos les sobran ingenio y recursos para convertir una carencia en ventaja competitiva. Parte del genio maradoniano consistía, precisamente, en «mostrar y esconder la pelota».

Es poco humilde contar una experiencia personal, pero es la que me queda más a mano. Soy diestro. Nací tan diestro como los zurdos nacen zurdos. Si pretendía tocar la pelota con la pierna izquierda, me caía. Literalmente: me caía. Aprender a salir de ciertos apuros que requerían inevitablemente la ayuda de mi pierna izquierda me costó muchísimo. Me quedaba horas después de los entrenamientos copiando a la pierna derecha. Tiraba con la derecha, memorizaba el movimiento e intentaba hacer lo mismo con la pierna izquierda. Una, dos, tres veces… Si sentía que no coordinaba bien el movimiento, le pegaba otra vez con la derecha para recomenzar el proceso. No necesitaba a nadie. Solo una pelota, la pierna derecha que enseñaba y la izquierda que aprendía. Horas y horas, días y días, años y años… A ser posible sin testigos, porque me avergonzaba mi torpeza. Seguí siendo muy diestro, pero terminé mi carrera en el Real Madrid y en la Selección Argentina jugando con el número «11», que en aquellos tiempos definía al extremo izquierdo. De nada me siento más satisfecho porque nada me costó tanto trabajo.

La humildad nos cuenta la verdad

En los procesos educativos, la humildad debe desempeñar un papel fundamental. Lo explica muy bien Rafa Nadal en su biografía, recordando el día que, con once años, ganó el Campeonato Nacional de Tenis sub-12. Toni, su querido tío y exigente entrenador que se ha preocupado toda la vida de que su sobrino no se aleje de la realidad, le aguó aquel triunfo. Rafa lo recuerda así: «Mi tío llamó por teléfono a la Federación Española de Tenis haciéndose pasar por periodista, y pidió la lista de los últimos veinticinco ganadores del Campeonato. Entonces, delante de la familia, leyó los nombres en voz alta y me preguntó si alguna vez había oído hablar de ellos.

»—Fulano de tal, ¿lo conoces?

»—No.

»—¿Y a este otro?

»—No.

»—¿Y a este?

»—Tampoco.

»Solo cinco habían alcanzado un nivel decente como profesionales y sus nombres me sonaban. Toni sonrió.

»—¿Te das cuenta, Rafael? Tus probabilidades de llegar a ser un profesional son de una entre cinco. Así que no te emociones demasiado por la victoria de hoy. Aún te queda mucho camino que recorrer, y es un camino difícil. Que lo recorras con éxito depende de ti».

La educación también se imparte con malas noticias.

La humildad hace equipo

La humildad crítica sirve para completar estos procesos que ayudan a la mejora individual, pero también para asumir papeles poco visibles que, sin embargo, resultan importantes para la eficacia del equipo. Es relevante entender que hay tanto pecado en quitarle libertad a un genio, como en dársela a un jugador que tiene limitaciones. Ese tipo de talentos que César Luis Menotti nos enseñó a llamar «complementarios» no solo muestran signos de generosidad, sino también de inteligencia cuando no exceden su función y aprenden a aceptarla. Si por falta de humildad crítica no se es capaz de asumir el papel dentro de un equipo, tendrá que ser el líder quien defina la misión con todo el derecho y la autoridad que le otorga su primera obligación: anteponer el equipo a cualquier individualidad.

En el Real Madrid ha destacado una de esas figuras complementarias que se hacen grandes asumiendo su papel: José Callejón. Un jugador que, si juega, se emplea como si estuviera ante su última oportunidad. Y, si no juega, se prepara para cuando le toque sin perder un segundo en perturbar el ambiente. La eficacia sorda de estos jugadores es fundamental en un equipo. El fútbol debería premiarles. Al fin y al cabo, también hay un Óscar para el mejor actor o actriz secundarios. El traspaso de Callejón al Nápoles por 10 millones de euros, quizá para desempeñar un papel estelar, es un reconocimiento a su espíritu solidario.

Pero si queremos conmovernos, reparemos en aquellos que, habiendo conocido la gloria, salen indemnes de la experiencia. Mario Alberto Kempes fue providencial para la Selección Argentina en la obtención del Mundial de 1978. Cualquier aficionado al fútbol lo recuerda con su melena al viento, el número «10» en la camiseta y una potencia impa-rable en velocidad. Actuaciones memorables y dos goles en cada uno de los tres últimos partidos le coronaron como máximo goleador y mejor jugador del torneo. Finalizado el campeonato, la prensa mundial buscó incansablemente al triunfador. Imposible encontrarlo. Estaba en un campo de Córdoba, la provincia de la cual es originario, disfrutando de la soledad mientras cazaba perdices en la inmensidad de una llanura. Bien hecho. Si hay algo que nos pone en nuestro lugar es la naturaleza. Perdidos en su vastedad, quedamos reducidos a la pequeñez que somos. Conviene que sea un grande, Mario Alberto Kempes, quien despida humilde-mente este capítulo.

Ideas clave

La humildad es la única rienda posible para contener las tentaciones siempre casquivanas de la vanidad. Si el fútbol tiene autoridad para hablar de ello, es porque se trata de un ámbito en donde auténticos héroes deben hacerse solubles en un colectivo: el equipo.

Ir de «campeones» por la vida significa no entender de dónde venimos, adónde vamos y la importancia del otro en las aventuras colectivas. Pero la humildad no solo sirve para hacernos más prudentes o austeros, sino también como plataforma de aprendizaje. La humildad crítica nos cuenta la verdad. Solo reconociendo nuestras debilidades podemos poner las condiciones para ser cada día un poco mejores. La vanidad, en cambio, suele hacernos un poco más estúpidos porque quien no es capaz de reconocer sus errores está condenado a repetirlos.

El hombre humilde sabe compartir, sabe reconocer la importancia del otro y gracias a su generosidad suele convertirse en un gran referente. Es posible que no tenga la importancia del mosaico, pero sí la del cemento que pega todo lo que está suelto.

8

El poder del talento

Todos tenemos defectos, pero es una mala idea empezar el análisis del talento por aquello que le falta. Al revés, en todo líder debe haber un pedagogo capaz de lograr que su discípulo se sienta único y, para eso, es necesario enamorarse de una virtud. La regla sirve también para la educación de nuestros hijos. Todos nacemos con cierta predisposición para una actividad y, cuanto antes la descubramos, antes encontraremos nuestra vocación y los estímulos eficaces para desarrollarla.

Espontáneos y forzados

Pero me gustaría aclarar que no todo depende de la naturaleza. Claro que hay talentos espontáneos que resuelven los problemas con total naturalidad. Pero si esta regla fuera la única relevante, solo habrían jugado al fútbol Di Stéfano, Puskas, Pelé, Cruyff, Beckenbauer, Maradona, Zidane, los

Ronaldos (el gordo y el flaco), Messi y fenómenos de esa categoría, a los que la madre naturaleza dotó de una gran ventaja inicial. Sin embargo, existe también un talento forzado por la sencilla razón de que la necesidad hace a la virtud. Eso lo entendí hace mucho tiempo leyendo unas declaraciones de Elías Figueroa, un inolvidable defensor chileno que jugó a caballo entre las décadas de los sesenta y setenta, de una gran elegancia y riqueza técnica. Cuando fue traspasado al fútbol uruguayo, se vio obligado a cambiar algunos hábitos. La ecuación es tan simple como la relataba el propio Figueroa: «En Uruguay se tiran muchos más centros que en Chile. Era una cuestión de supervivencia. O aprendía a cabecear o me quedaba en el camino». Para muchos, Figueroa es el mejor jugador de la historia de Chile; pero seguramente no habría alcanzado ese honor si no hubiera tenido que adaptarse a nuevos desafíos que le permitieron enriquecer su patrón de juego.

De modo que hay salvación para aquellos con los que la cuna no fue tan generosa. En esos casos, las carencias hay que convertirlas en un desafío para la voluntad. Porque lo cierto es que tengo una mala noticia, incluso para quienes nacieron con una gran ventaja inicial: no se inventó nada que sustituya al esfuerzo en los procesos de aprendizaje y mejora continua del talento. Vale para el fútbol. Vale para todo.

Creer en el talento significa saber apreciar lo diferente. Si se parte del respeto al talento, no habrá buenos y malos, sino gente que sirva para hacer bien una cosa y gente que sirva para hacer bien otra cosa. Sobre la valoración que hace el mercado de los distintos tipos de talentos hay poco que decir, porque esta reflexión solo aspira a salvar la diferencia.

El desprecio hacia el talento es fácil de verificar. A los que se distinguen se los suele despreciar como si ser distinto fuera un valor subversivo. Una pena, porque aspirar a equipos clónicos es un error definitivo. Tom Peters exagera cuando dice que «en todo departamento de contabilidad hace falta un músico», pero es preferible pasarse que quedarse corto cuando se trata de escapar de la mediocridad.

El fútbol, por ejemplo, corre el riesgo de convertirse en un departamento de contabilidad… pero sin músicos. Es una pena, porque llegará el día en que los amantes de los jugadores sin defectos (que suelen ser los mismos que los que ignoran una gran virtud) nos dejen sin jugadores de la calidad de Guti (basta nombrarlo para que se me dibuje una sonrisa recordando aquel inolvidable tacón que permitió el gol de Benzema frente al Depor en Riazor). Muchas empresas de estos días llevan un camino parecido. Cada vez son más frecuentes los casos de genios tecnológicos, por ejemplo, con serias dificultades de integración. En ocasiones son auténticos inadaptados sociales. Y las empresas, en lugar de poner las condiciones para que las dotes singulares del genio se sientan cómodas, los terminan discriminando por su incapacidad para tomar un café con sus compañeros. A nadie, en su sano juicio, se le ocurriría expulsar de un equipo a Maradona porque, entre partido y partido, tiene problemas de convivencia. De ser así, los inadaptados serían los demás integrantes del equipo.

En el mundo del fútbol, un atropello de ese tipo no lo permitirían los aficionados, pero en las empresas convencionales, el «distinto» se juega muy frecuentemente su trabajo por cuestiones que son más sociales que profesionales.

Decía Francisco Umbral que «el talento, en buena medida, es una cuestión de insistencia», y no hay manera de desmentirlo. Pero existen las excepciones: a los jugadores de buen pie y mucha fantasía, como a los empleados creativos, como a los poetas, no les podemos exigir que sean sublimes siempre. Tampoco que su conducta resulte previsible, porque el genio suele ser un cuerpo extraño para lo bueno y para lo malo. En tal caso, la solución no pasa por extirparlos del equipo como si se tratara de un tumor. Bastará con hacerle comprender, al genio, cuál es el papel que le convierte en esencial; y al equipo, de qué manera nos podemos adaptar a sus excentricidades.

El tamaño importa

También en este punto el fútbol ejemplifica lo que ocurre en otras actividades. Aquellos que son responsables de los procesos de captación de talento suelen cometer el error de seleccionar en función de lo medible: la talla. Un jugador grande antes que un jugador bueno. Un directivo del Valencia C.F. me lo dijo un día con una frase brutal: «Ande o no ande, caballo grande». Menos mal que hay mentes preclaras que no siguieron semejante consejo porque, de lo contrario, nos hubiéramos privado de Xavi, Iniesta, Silva, Cazorla y otros «divinos enanos» que en la Selección Española llevan más de cuatro años bailando a equipos con un aspecto atlético muy aparente. Ellos nos demostraron, sin ningún género de dudas, que el talento no se mide con una cinta métrica.

La prueba del error sistemático

Los equipos alevines, infantiles, cadetes o juveniles se forman por años naturales: los nacidos entre enero y diciembre de un mismo año. Si usted se toma el trabajo de analizar la formación de estas plantillas en cualquier club profesional, descubrirá que la cantidad de niños que nacieron en enero es notablemente superior a la cantidad de niños nacidos en diciembre. ¿Porque son mejores? No. Porque los de enero han crecido más y, por tanto, son más grandes que los de diciembre.

Cuando estos niños llegan a adultos, equilibran la diferencia física y, desde ese momento, entran en juego aspectos que no son medibles. Pero ya es tarde. Porque durante varios años los grandes ocuparon el lugar de los buenos y en el fútbol, como en tantas cosas, se evoluciona compitiendo.

Así que ya saben, si ustedes tienen como proyecto hacer un hijo futbolista, empiecen por poner todas las condiciones para que nazca en el primer trimestre del año. De lo contrario, el pobre tendrá muchas menos posibilidades de alcanzar sus sueños. Me refiero, por supuesto, al sueño de sus padres.

Esa injusticia inicial en los procesos de selección tiene el enorme defecto de atentar contra el único imperio que debiera contar: el del mérito. Si por algo admiro La Masía (escuela de fútbol del Barça), es porque aquí solo miden a los jugadores por el tamaño de su talento.

Malcolm Gladwell, en su libro *Fuera de serie* (*Outliers*), explica muy bien la razón por la cual unas personas tienen éxito y otras no. Después de comprobar que, en Canadá, en el hockey sobre hielo existe la misma aberración que en Europa con el fútbol, lleva la importancia de la primera oportunidad mucho más allá. Lo dice así: «Son los exitosos los que tienen más probabilidades de recibir el tipo de oportunidad especial que conduce a ahondar en el éxito. Son los ricos los que consiguen las mayores ventajas fiscales. Los mejores estudiantes obtienen la mejor enseñanza y la mayor parte de la atención. Y los niños más grandes, entre los nueve y los diez años, son los que acceden al mejor entrenamiento práctico. El éxito resulta de lo que a los sociólogos les gusta llamar «ventaja acumulativa». El jugador de hockey profesional comienza un poquito mejor que sus pares. Y esa poquita diferencia le conduce a una oportunidad que de verdad marca la diferencia; y, a su vez, ello conduce a otra oportunidad, que agranda más aún la que al principio era una diferencia tan pequeña, y así hasta que nuestro jugador de hockey se convierte en un verdadero fuera de serie. Pero él no empezó como fuera de serie. Simplemente empezó un poquito mejor».

El medio adecuado

El talento individual, con independencia del nivel de la empresa del que hablemos, es siempre un asunto relevante. Pero para transformarse en una fuerza positiva, requiere un adecuado marco institucional.

Un equipo es mucho más que el lugar de exhibición de un gran talento. Por supuesto. Pero conviene poner las condiciones para que aquellos que son diferentes también sean eficaces. Hay empresas con entornos muy densos que lo impiden y otras con medios más fluidos que lo facilitan. En el primer caso, el talento se debilita por el efecto nocivo de ambientes burocráticos, rutinarios e inoperantes que generan desconfianza hacia cualquier tipo de iniciativa. En los ambientes fluidos, el talento puede expresar todo su potencial, porque es la organización la que pone las condiciones para que no se pierda energía en lo secundario en perjuicio de lo fundamental. Sin esa conexión con el medio no hay talento que sobreviva.

Condiciones para sobrevivir

El talento necesita de algunas condiciones para expresarse del mejor modo. Se ha repetido hasta la saciedad que las personas son el gran capital de cualquier empresa. Todos los líderes lo dicen. Pero fue Jim Collins quien nos enseñó a precisar esta idea, al decir que «las personas no son el activo más importante de una organización; las personas adecuadas (con los valores, actitudes, culturas y habilidades adecuadas) son el activo más importante de una organización». Pero sigue siendo conveniente que encuentren las condiciones para que su talento exprese todo su potencial. ¿Qué necesita el talento? Lo he dicho muchas veces partiendo de una charla con César Luis Menotti, pero me parece importante insistir en ello:

• Necesita un lugar: el que permita mostrar las virtudes y esconder los defectos. Incluso el mejor jugador del mundo, ubicado en un puesto inadecuado, puede llegar a hacer el ridículo. Imaginemos a los brasileños Romario y Ronaldo. Dos portentos que necesitaban diez carreras por partido para convertirse en goleadores de época. Sin duda, talentos superiores e inolvidables. Imaginémoslos, por un minuto, de centrocampistas, obligados a correr durante noventa minutos detrás del balón, detrás del contrario, por todo el campo. Sin duda, se convertirían en una carga para el equipo. Y hablamos de dos de los mejores jugadores del mundo.

- Necesita libertad: aunque no todos merezcamos la misma. Hay tanto pecado en quitarle libertad a quien la merece como peligro en dársela a quien no la merece. ¿A quién se le puede ocurrir quitarle libertad a Messi? Sería una estupidez, porque de su inspiración y de su energía creativa pueden salir soluciones que a su entrenador no le pasarían ni por la imaginación. Eso no significa que Messi pueda hacer lo que le dé la gana. Hay que obligarle a cumplir algunas obligaciones. Por ejemplo, que llegue al estadio antes de que empiece el partido. Hay otro tipo de jugador, como Javier Mascherano o Sami Khedira, que debe pensar colectivamente y eso le obliga a cumplir misiones que ayuden a un juego más geométrico y solidario. No hay deshonor en ello. De hecho, yo, jugando de delantero, me considero de esa familia. Y lo digo con orgullo.

- Necesita confianza: sin duda, el mayor potenciador del talento. La confianza suelta las piernas, ensancha los pulmones, estrecha las relaciones con los compañeros, empuja a la buena suerte y dispara el talento. Solo la confianza (que se tiene de uno mismo y que se recoge del medio) lleva el talento hasta el límite. Y a veces un poco más allá. La confianza se debe dar en los momentos en que se cometen errores. Eso no significa extender becas de titularidad, sino acompañar los malos momentos de un futbolista con correcciones eficaces y hasta con apoyo afectivo. El que juega mal se siente solo. Ese es el momento de estrechar el vínculo. No es un acto de generosidad porque a aquellos a quienes les damos confianza, con el tiempo nos la devuelven con creces.

• Necesita otros talentos: porque, en el roce y en la competencia, el talento se fortalece. Tomemos como ejemplo a la Selección Española, un ejemplo de técnica colectiva y de inteligencia solidaria. Con el tiempo han ido construyendo hábitos, fortaleciendo convicciones y construyendo una confianza en el otro. Esa especie de amistad futbolística, que en muchos casos se proyecta también en lo personal, les dio una personalidad como equipo que tuvo una primera y gran consecuencia: la de ser cada día mejores individualmente.

• Necesita exigencia: porque los profesionales (los seres humanos en general) crecemos al nivel de las dificultades que vamos encontrando. Y porque la exigencia nos permite avanzar centímetro a centímetro hacia la excelencia. El talento acorta el camino, pero siempre es la exigencia la que lo pone en valor y lo ayuda a conseguir los objetivos. Otra vez la Selección Española como ejemplo. Cuando el talento llega a la cima, ahí lo espera la distracción, la vanidad, la confusión. Solo la exigencia lo devuelve al punto de partida. Sin esa disciplina hubieran alcanzado el triunfo, pero habría sido imposible que lo triplicaran (de momento).

Finalmente, no olvidemos que es un problema muy grande que el talento se nos vaya por falta de estímulo, pero es un problema mucho mayor que se quede sin la suficiente motivación. Esa es la razón por la que hay que lanzarle desafíos de un modo permanente. Las empresas líderes de Estados Unidos dan lecciones al mundo sobre cómo aprovechar los recursos humanos. Promueven lugares y escenarios donde los talentosos se sienten confortables, les dan libertad y confianza (*empowerment*), promueven las redes de talento y les exigen resultados. Sobre todo esto último, porque hay que reconocer que Norteamérica no desarrolla ni exporta lecciones improductivas.

Ideas clave

El talento que nos distingue es el único capaz de encontrar eso que llamamos vocación. Y es vital. ¿Cuánta gente conocemos que es infeliz laboralmente porque hace aquello que no le gusta, que no siente, para lo que no nació? Encontrar la tarea que mejor se adapte a nuestra naturaleza debiera ser el primer desafío de una buena educación.

Un equipo competitivo no es un rebaño. Todo lo contrario, cuanto más diferentes sean sus miembros, más rica será la suma de conocimiento y de sensibilidades que nos lleven al éxito. Por eso siempre recomiendo que se busque gente con una virtud sobresaliente antes que gente sin defectos cuando pretendemos iniciar un proyecto empresarial.

Para que lo diferente se sienta cómodo, es necesario que disfrute de un ambiente fluido en el que la singularidad se considere un mérito y no una molestia.

El talento necesita condiciones: de un lugar, de exigencia, del grado justo de libertad, de motivaciones… Pero ninguna condición es tan importante como la confianza. Solo quien disfruta de confianza puede llevar su talento hasta el límite de sus posibilidades. Y a veces un poco más allá.

9

El poder del vestuario

El vestuario como hábitat. Como lugar de residencia de un equipo. Como templo de supersticiones paganas. Como depositario de los secretos espirituales de un grupo que aspira a que su talento sea colectivo y eficaz… Si nos olvidamos del resultado, «un equipo es un grupo de personas diferentes bien coordinadas». Si nos acordamos del resultado, «un equipo es un grupo de personas que realizan una tarea para alcanzar una meta común». Si creemos en un mundo ideal, «un equipo es un grupo de personas cuyas capacidades individuales se complementan y que se comprometen para una causa común, logran metas altas, operan con una metodología, comparten responsabilidades y gozan con todo eso». Un breve paseo por internet nos pondrá frente a decenas de definiciones que, casi sin excepción, comenzarán con «un grupo de personas…». Efectivamente, hay tantas definiciones como maneras de conformarlo, pero el factor fundamental de un buen equipo es la calidad humana y de relación de ese grupo de personas. Su competitividad dependerá, en gran medida, de la fuerza de ese vínculo.

Un vestuario lo pueblan personajes que representan a la humanidad: listos, tontos, amables, malhumorados, buenos, malos, valientes, cobardes, vanidosos, humildes, líderes, gregarios… Pero el cemento que une esos mosaicos tan diferentes es la generosidad de unos cuantos. Ese rasgo (el de la generosidad) es imprescindible porque el equipo siempre pide un tributo personal. Ser parte de un vestuario implica algún tipo de renuncia. Es parte del contrato y no debe entenderse como un sacrificio.

Si el talento pone en valor lo propio, el equipo pone en valor al otro. Quizá convenga irnos a los extremos para entender hasta qué punto necesitamos de la complementariedad. Philippe Pozzo, que como comenté es tetrapléjico desde 1993 y fue el inspirador, junto a su asistente, de la instructiva película francesa *Intocable*, llega al fondo de la cuestión cuando dice que «nunca hay que esconder la fragilidad…», para concluir con esta genial frase: «La discapacidad no consiste en estar roto, sino en estar solo». Quizá la esencia de un buen equipo sea, precisamente, encontrar en el otro lo que a uno le falta.

El negocio de la generosidad

Primera razón práctica para ser generoso: cuando tendemos la mano, es para dar y para recibir. El generoso, por mucho que dé, al final del camino, a cambio, recibirá mucho más. Ante el generoso siempre nos sentimos en deuda y, por esa razón, pagamos con gusto intereses. Visto así, es un buen negocio ser generoso.

Segunda razón práctica para ser generoso: la felicidad. José Larralde lo recitaba así: «Todo empieza conmigo y todo termina en yo. Si te ayudo es porque tengo necesidad de ayudarte». Hasta dicho con esa sequedad queda claro que la generosidad también compensa en el plano moral, porque es uno de los rasgos de la personalidad que mayor felicidad produce.

Cuando hablamos de generosidad, parece que solo nos referimos al aspecto económico. Y, efectivamente, nadie discute la bondad de un filántropo dispuesto a ayudar a quien lo necesite. He ahí un hombre generoso. Pero también se puede ser generoso con el tiempo, dedicándole a otra persona una atención que le reconforta. O generoso en el esfuerzo, cuando en cualquier ámbito colectivo alguien deja todo lo que tiene sin preguntarse si su gasto de energía es proporcional a la recompensa.

Todo aquel que haya formado parte de un buen equipo, con el paso del tiempo recordará con cariño a todos sus miembros. Con admiración a los mejores, pero con especial agradecimiento a los generosos que pusieron el equipo por encima de sus intereses individuales. Ricardo Giusti, compañero cuando di mis primeros pasos en Newell's Old Boys de Rosario y cuando di mis últimos pasos en la Selección Argentina campeona del mundo en México 1986, es, para mí, el gran ejemplo. ¿Jugaba bien? Por supuesto, porque llegó al máximo nivel. Pero su recuerdo me llega siempre con una sonrisa porque vivía bien. Siempre interesado en el otro, siempre construyendo solidaridades, siempre haciendo equipo. En mi último contacto, me contó algo maravilloso. Una vez a la semana va a su pueblo a jugar un partido con los amigos de toda la vida. Llega cuatro horas antes para cortar la hierba del campo, limpiar el vestuario y dejar todo preparado para el asado posterior al partido. Les recuerdo que él fue campeón del mundo y que ninguno de sus amigos fue, siquiera, profesional del fútbol. La historia se parece tanto a él que cuando me lo contó me emocioné. En el recuerdo va el homenaje.

¿Quién manda ahí dentro?

Fuera del terreno de juego, gana la calidad moral antes que la futbolística. Para decirlo con nombres propios, en el vestuario del Santos de Pelé mandaba un tal Zito. Porque no es lo mismo el liderazgo técnico, que dura lo que dura el partido, que el liderazgo moral, que pesa siempre.

Ponerse de acuerdo sobre cómo se va a convivir es igual de importante que saber cómo se va a jugar. Y esos personajes, que muchas veces son invisibles para los aficionados, cohesionan a un equipo más que un buen resultado. Ellos tejen ese hilo moral que produce un orgullo bien entendido, un alfabeto secreto que une íntimamente a los integrantes de un grupo, una pulsión afectiva que alcanza una fuerza que supera en eficacia a lo táctico, a lo físico y a lo técnico. ¿Y qué pone el entrenador en ese cocktail? En el mejor de los casos, nada menos que el estilo, el conocimiento, la defensa de los valores del club y los estímulos emocionales.

Las crisis piden acción

Es en los momentos difíciles donde la unidad de un equipo se pone a prueba. En el actual panorama empresarial español (con el que estoy más familiarizado, aunque correspondería decir europeo), la crisis es un fenómeno relativamente nuevo que ha desestabilizado el normal comportamiento de las organizaciones. En el abrupto mundo del fútbol, las crisis forman parte de lo cotidiano y, aunque siempre parezcan nuevas, ya no asustan. Pero siguen confundiendo. Los malos resultados y las críticas muchas veces devastadoras que los acompañan son tremendos productores de ansiedad, un gran enemigo de cualquier equipo. En esos momentos el entorno pide acción y es cuando los clubes fichan mal y caro, el entrenador toma decisiones para sobrevivir y los jugadores hacen todo al revés. ¿Es más cruel el fútbol que la sociedad? Como escribe Rodolfo Braceli en su libro *De fútbol somos*: «El fútbol nos espeja. […] Espeja la violencia, espeja el nacionalismo, espeja el gangsterismo, espeja el exitismo, espeja el fracasismo…». Si algo aprendí mirándome en ese espejo durante cuarenta años, es que en las situaciones de gran turbulencia hay que transmitir tranquilidad, confianza e ilusión. Nunca se le ocurrirá una idea grande a un pesimista o a un cobarde.

Una de las características, y de los grandes problemas añadidos, de la enorme crisis económica que padece España en estos días es que la mayoría de las respuestas políticas, así como las empresariales, son apresuradas, confusas, provisionales. Las estrategias que las empresas se planteaban a largo plazo ahora se revisan mensualmente. La confianza en el futuro mudó en dudas que se prolongan hasta provocar pánico. El resultado de todo esto es un desconcierto general que lo contamina todo, que se amplía en los medios de comunicación y que barre con cualquier propósito coherente.

El miedo pide acción, pero la acción por la acción no resuelve nada y termina generando una maraña aún más confusa. El peligro de situaciones así es que se deja de trabajar en equipo y, en un gesto defensivo, todos empiecen a pensar a título individual. En estos casos se impone la parte más oscura de la personalidad y, así, el perezoso se distrae con el ocio, el intrigante con la conspiración, el irresponsable con las excusas, el adulador con la vanidad ajena y el vanidoso con la propia.

El hilo moral

El vestuario es un sitio a veces aburrido donde convive una sociedad en miniatura. Pero todo lo que ocurre ahí dentro tendrá su reflejo en el campo de juego. O en el trabajo, sea cual fuere. Recuerdo una entrevista a Pedro de la Rosa, piloto de Fórmula 1, que lleva la importancia del equipo al terreno del detalle: «En las carreras —decía— se nota si el mecánico ha apretado el tornillo con ganas e ilusión, o con desgana y malhumor».

Ahí están, sentados, los hombres que juegan. Porque fuera serán héroes, pero en el vestuario no son más que seres humanos con sus debilidades a cuestas. Todos distintos. Cada uno tratando de poner orden entre su personalidad y su personaje, teniendo que renunciar, en ocasiones, a una porción de individualismo para fortalecer al grupo. ¿Qué se necesita para lograr ese compromiso común? Una idea, un sentimiento, una meta, un enemigo, un interés… Con tres de estos cinco, se puede dar usted por satisfecho. De tener que elegir, le recomiendo que sean los tres primeros.

El deporte educa muy bien esa conciencia de equipo, ese esfuerzo del individuo por hacerse soluble en el colectivo. En la novela *Libertad* de Jonathan Franzen hay un pasaje muy interesante en donde uno de los personajes centrales reflexiona a propósito del deporte y dice que «se basa en el truco de la fe, una forma de creencia… Si te lo inculcan desde pequeño no hace falta repetirlo más. La Respuesta a la gran Pregunta es, siempre: EL EQUIPO. Todo lo demás es insignificante». Efectivamente, quienes hemos crecido formando parte de equipos de distintos niveles, aspiramos a encontrar algo de secta cuando llegamos a uno. Cuando no ocurre, es porque el equipo es una unidad frágil que se descompondrá a la primera contrariedad. Y, entonces, hasta alguien tan poco gregario como Joaquín Sabina sabe la respuesta:

> *Y cada vez más tú,*
> *y cada vez más yo*
> *sin rastro de nosotros.*

El equipo: dos posibilidades

Un equipo puede ser un buen lugar donde exaltar las virtudes, o un buen escondite para no cumplir con las responsabilidades. En gran medida es el líder quien lo decide, ya sea el entrenador, el capitán, un veterano o un joven valiente. Estábamos en México, en los días previos al comienzo del Mundial de 1986. Yo había sido el último jugador en incorporarme porque días antes había jugado la Final de la Copa de la UEFA con el Real Madrid. Llegué cansado, la altitud me afectaba y debía de tener un aire fastidioso muy poco estimulante. Lo deduzco porque un día, el «Chino» Tapia, uno de los jugadores mas jóvenes de la Selección Argentina (y que jugaría sólo unos minutos en la final del Mundial), tocó la puerta de mi habitación. Fue clarísimo: «Quería hablar con vós porque te veo un poco caído». Le dije que sí, quitándole importancia al tema, porque pensé que venía a interesarse por mi ánimo. Pero lo que le interesaba a Tapia no era solo mi ánimo personal, sino también el ánimo general. «Sabés qué pasa —concluyó—: si te vemos triste a vos, que sos un referente,

los demás nos ponemos a llorar». Casi me muero de la vergüenza. Desde ese día no volví a mostrar mis debilidades en
público porque, efectivamente, los jugadores más maduros
están siempre bajo vigilancia. Como yo no cumplía con mi
función, alguien me lo tuvo que recordar. Siempre creí que
la única división que funciona en los vestuarios es la que se
establece entre los veteranos que enseñan y los jóvenes que
aprenden. Y solo si los dos son inteligentes. Pero en aquella habitación, el líder había sido el joven que me llamó la
atención. Un buen ejemplo de la importancia del liderazgo
compartido. Cuanta más gente piense, más índice de inteligencia beneficiará al equipo. La personalidad y la inteligencia situacional son mucho más importantes que la edad.

El conflicto también une

Es mentira que los equipos buenos estén formados por grupos pacíficos. Los grandes vestuarios son ruidosos, hablan
claro, se reprochan las cosas en voz alta, y se terminan fortaleciendo y purificando en la discusión. Muchas veces los equipos progresan gracias al conflicto. A condición de que las
palabras, los puñetazos y hasta las sillas vuelen discretamen-
te. Porque si el conflicto se convierte en espectáculo periodístico, las ramificaciones son infinitas y el aluvión de consecuencias, interminable. Fabio Capello suele decir que «el
50 por ciento del tamaño de los conflictos son periodísticos».
Creo que, en un buen número de casos, se queda corto.

Los jugadores más inteligentes resuelven los problemas con sentido de la medida, mostrando los defectos de un modo gráfico, sin necesidad de provocar un altercado. Incluso nunca sobra, y hasta conviene, una dosis de humor. Lo explicaré con un ejemplo. Un día presencié un entrenamiento del Real Madrid en el que se trabajaba por parejas. Un jugador desbordaba y centraba para que el otro rematase. Al compañero de entrenamiento de Raúl se le empezaba a notar nervioso. Raúl le entregaba el balón siempre mal: a veces muy adelante, otras muy atrás. Llegó un momento en que el compañero se hartó y le reclamó más precisión. Entonces Raúl sacó al pedagogo que lleva dentro y convirtió el episodio en una lección: «¿Ves? —le dijo relajadamente—. Esa es la sensación que tengo yo cuando tú centras en los partidos». Ese tipo de lecciones es un gran recurso de los buenos equipos. ¿Qué mejor que un compañero cercano para corregir algún error? Muchas «pequeñas sociedades» (Menotti *dixit*) que se generan en el campo se fortalecen gracias a estas correcciones realizadas en la intimidad. No se llama reproche, sino perfeccionamiento.

Los equipos son de cristal

No hay dos equipos iguales. Cada uno es un mundo aparte que resulta de la suma de personalidades de todos sus miembros (cada uno de ellos hijos de su padre y de su madre) y de sus circunstancias. Con su propio sistema de pesos y contrapesos. En muchas ocasiones la aparición de un nuevo miembro relevante, así como la desaparición de uno viejo, cambia la dinámica de un grupo y hay que buscar un nuevo equilibrio. En todo caso, solo me gusta diferenciar dos grandes tipos de equipo. Por un lado, los grupos maduros, capaces de autogestionarse, que merecen más libertad que orden, que saben convivir con las excepciones (por ejemplo, con un genio algo errático en la convivencia, pero esencial en el terreno de juego). Y, por otro lado, los grupos inmaduros, que necesitan de las normas como base fundamental de la convivencia. De lo contrario, terminan haciendo cola detrás de la excepción. De los primeros se puede esperar cualquier cosa, todas positivas. Los segundos son de un cristal de pésima categoría.

Formar parte de un equipo no significa olvidar nuestra responsabilidad individual. Todo lo contrario, los grandes equipos lo son porque exaltan el talento individual. No hay vivencia que ejemplifique mejor la importancia del individuo dentro de un equipo que la contada por mi admirado Juan Antonio Corbalán, capitán del Real Madrid de baloncesto durante los años setenta y ochenta y auténtico referente ético de liderazgo. Aquel era un tiempo en que los grupos tenían una dimensión más humana y en que los encuentros se producían de un modo más espontáneo que en estos días. Hoy es normal que el entrenador programe sesiones de «convivencia» para forzar el contacto personal. Lo cierto es que cuando un jugador joven llegaba al Madrid, Corbalán se sentaba con él para hablarle de viejos héroes, valores, cuestiones prácticas, funciones, obligaciones, ritos y lo que tocara. Se trataba de que cuando el nuevo jugador se pusiera la camiseta blanca, supiera exactamente lo que representaba. Al final de la charla, Corbalán le hacía una pregunta demoledora: «¿Quién es más importante en el club: el presidente o tú?». El chico, intimidado por el club, por Corbalán y por la pregunta en sí, se apresuraba a contestar que al lado del presidente del Real Madrid él no era nadie. Pero Juan, que estaba esperando esa respuesta, le devolvía la pregunta justa: «Y cuando tú tienes la pelota entre las manos, ¿qué importancia tiene el presidente?». No se puede bajar mejor a la tierra la relevancia de un individuo dentro de una organización. Aplíquelo a cualquier ámbito de actuación y la anécdota tendrá la misma eficacia. Si un empleado de una sucursal bancaria está ante un cliente, en ese momento es el dueño del Banco. Porque, para ese cliente, el presidente del Banco no tiene ninguna función práctica ni simbólica. El empleado, sí.

¿Cómo se siente usted?

¿Cuándo un equipo exalta todas las virtudes? Cuando cada jugador se siente importante. Así de simple. Cuando damos confianza, incluso poder, la gente desarrolla toda su capacidad. De lo contrario, viven apocados y no hacen para no equivocarse. Ese es el camino más corto para convertirse en un parásito. Las preguntas, conscientes o inconscientes, que se hacen todos los habitantes de un vestuario son: ¿Qué soy yo para los demás? ¿Se me reconoce y estima? ¿Me consideran útil para el proyecto general? Si todas las respuestas son afirmativas, ese equipo tendrá muchas posibilidades de alcanzar el éxito.

Ideas clave

El poder del vestuario es el poder del equipo. Y el éxito del equipo se manifiesta cuando el rendimiento colectivo es superior a la simple suma de talentos. Al final del camino hay justicia en la recompensa, porque el triunfo o el fracaso general mejorará o empeorará el prestigio de cada uno de los miembros.

El equipo pide siempre una contribución personal. Cada individuo tiene que entregar algo del «yo» al servicio del «nosotros». Hacerlo con satisfacción depende, en primer lugar, de la calidad moral del grupo. Pero el líder debe fortalecer un sentimiento solidario, lograr que todos se sientan orgullosos de la idea que representan, convertir al rival en una buena excusa para provocar un fenómeno reactivo. No hay que olvidar que dentro de un equipo conviven distintas sensibilidades y hay que intentar satisfacer todas.

Pero existe una aspiración que a todos hace igual de felices: sentirse importante. Si cada miembro del equipo siente que es valorado por el grupo, a ese vestuario dará gusto entrar y en ese equipo dará gusto jugar.

10

El poder de la simplicidad

No hay nada más difícil de definir que la simplicidad. Y, posiblemente, nada más difícil de conseguir. Porque, de algún modo, alude a la perfección. No importa que hablemos de arte, de empresa o de deporte; la simplicidad nos remite a la pureza máxima. A lo esencial.

Quise empezar este capítulo prestigiando el concepto (al emparentar «simplicidad» con «perfección») ante el peligro de que confundamos «simplicidad» con «facilismo». Sería terrible que cayéramos en ese error. No hay camino más arduo que el que conduce a la simplicidad. Para quedarse con lo sustancial, hace falta despojar una obra, una acción o un discurso de todo lo accesorio, y eso solo lo consiguen los más inteligentes. «Sabes que has alcanzado la perfección en el diseño, no cuando no tienes nada más que añadir, sino cuando no tienes nada más que quitar», es una gran lección de Antoine de Saint-Exupéry.

Hay una respuesta que se le atribuye a Winston Churchill y que explica muy bien la dificultad que entraña llegar a la esencia de las cosas. Al parecer, la BBC lo invitó a hablar sobre la Segunda Guerra Mundial, atendiendo a su calidad de primer ministro por aquel entonces. Churchill preguntó cuánto tiempo le daban, «porque si era para hablar diez minutos, necesitaba un año para prepararse; si era para hablar media hora, lo podía hacer en un par de meses; pero si era para hablar indefinidamente, podían empezar de inmediato».

Ser sencillo es ser sustancial

Otra vez el fútbol nos puede servir de ejemplo. Estamos en Dortmund, Alemania, el día antes de jugar el Real Madrid un partido clave de Champions League frente al Borussia. Es febrero de 2003. Los jugadores esperaban en el vestuario el momento de salir al último entrenamiento. Mientras sus compañeros terminaban de vestirse, Ronaldo (el gordo y genial Ronaldo) y Roberto Carlos, en un espacio muy reducido, empezaron a tocar el balón con una técnica y una gracia que producían risa. Porque había algo de «chaplinesco» en ese juego que expresaba una riqueza técnica admirable. Se pasaban la pelota con el pie, con el muslo, con el hombro, con la espalda… De alguna manera que no sabría explicar, estaba emocionado por la belleza del momento. Me devolvió a la realidad Raúl, que pasó a mi lado con una sentencia: «Para ganar mañana, todo eso no sirve para nada». Cuando volví de mi sorpresa, pensé que esa era la visión europea (más prosaica) frente a la sudamericana (más poética). Pero la dimensión era otra. Era la visión de un crack de lo sustancial: Raúl. Ni para pasar un buen rato le servían los adornos.

Decía Francisco Umbral que «hay escritores que no se inspiran en la fantasía, sino en la exactitud». También los pies de Raúl han aspirado siempre a la exactitud antes que a la fantasía, del mismo modo que su cabeza se siente más cómoda pisando suelo firme que soñando. Su estética es la de la simplicidad, su estilo es seco y su capacidad de síntesis, colosal. Ese gusto por lo concreto supera todas las debilidades superficiales de los futbolistas comunes: la de la demagogia, la del adorno, la del lucimiento individual... Ya les advertí que Raúl tenía sitio en todos los capítulos de este libro.

El negocio del *abc*

Hay jugadores que, dentro del campo, tienen una capacidad asombrosa para salir de los problemas en los que ellos mismos se metieron. Piensan después de recibir la pelota y, en el mejor de los casos, resuelven la mala decisión con un detalle técnico muy aparente o un esfuerzo físico muy demagógico que acaba arrancando los aplausos de la afición. Esos alardes están muy valorados en la cultura del impacto en la que nos movemos. Hay otros futbolistas que jamás se meten en un problema. Piensan antes de recibir y, con un solo toque, clarifican el panorama como si el fútbol fuera la asignatura más fácil del mundo. Esos, no lo duden, son los mejores. Lo curioso es que no hacen ruido ni en los periódicos. Cabe decir algo parecido de muchos directivos empresariales que son muy hábiles para lo aparente y muy mediocres para lo sustancial. Aun así, se llevan los laureles. Cuando ocurre, no doy crédito porque eso habla con más fuerza que ninguna otra cosa de la mediocridad del entorno.

Cuando un jugador atraviesa un período de desconfianza, el mejor consejo que se le puede dar es que vuelva al juego simple, que asegure sus pases, que se atenga a sus funciones. Como si se tratara de una medicina infalible para que el enfermo recupere la seguridad perdida. El tratamiento viene a recomendar que no se complique. Esta lección yo se la impartiría también a algunos jugadores sanos, de esos a los que les sobra confianza. Muchas veces, en medio de una jugada, los jugadores parecen preguntarse: «¿Para qué voy a hacer las cosas simples si las puedo complicar?».

Responde Andrés Iniesta: «Las cosas salen bien cuando se hacen sencillas». Lo dijo en una entrevista, inmediatamente después de ganar el Campeonato Europeo de Selecciones en 2012, con la cara de normalidad que pone ante todas las cosas, ya sean ordinarias o extraordinarias. Hasta la definición suena simple; esto es, suena bien. Como dice Ken Segall, creador de la legendaria campaña publicitaria *Think different* [Piensa diferente] de Apple, «la simplicidad parece, se comporta y suena como algo perfectamente natural».

Quizás sea Xavi Hernández, compañero de Iniesta en el F.C. Barcelona y en la Selección Española, quien mejor entienda la importancia de la simplicidad gestionando el juego de sus equipos. Todo lo que hace parece el colmo de la obviedad, pero visto desde el punto de vista del adversario, resulta desmoralizador, porque no pierde un solo balón; agotador, porque coloca los balones en zonas despejadas a las que hay que ir a cubrir precipitadamente; y, finalmente, intimidatorio, porque a base de multiplicar los pases termina llevando el balón hasta la misma cocina del área. Si hace tanto daño, con la simplicidad, la tranquilidad y la meticulosidad de una bordadora, es porque tiene un enorme talento natural y porque lo fue depurando tras recorrer un largo y complejo camino. Tan largo y tan complejo que el punto de llegada parece inimitable. Xavi controla, pasa y vuelve a mostrarse: no hay mejor receta para alguien que pretende ser un gran jugador.

Hay jugadores que le deben su enorme carrera a la simplicidad. Paolo Maldini sirve como modelo. Se trataba de un futbolista de cuerpo anguloso, técnicamente correcto y de intervenciones siempre sobrias. Como defensa medía bien los tiempos en las anticipaciones, era perseverante y veloz. Sin embargo, su mejor virtud fue la de no haber cometido, en veinte años de carrera, un solo exceso de confianza. Nunca subestimó a nadie, nunca se distrajo ni un segundo... Recibía un balón, lo controlaba, miraba a un compañero que estaba a menos de diez metros de distancia y se lo entregaba poniendo los cinco sentidos en lo que era un trámite de menor importancia. Aunque estuviera jugando contra el último clasificado, aunque el equipo fuera ganando tres a cero, aunque hubiera jugado siete finales de Champions League... Esa capacidad para darle valor a los detalles más simples le convirtió en uno de los profesionales de más larga y exitosa trayectoria en la historia del fútbol. Maldini es la gran demostración de que manejar con inteligencia el *abc* puede valer más que saberse el abecedario entero y barajarlo mal.

Ser simple es ser moderno

La complejidad ama un gran número de opciones, las reuniones numerosas, el largo plazo, las palabras difíciles... La simplicidad ama el criterio. Jack Welch, prestigioso presidente de General Electric, dijo una vez: «Los directivos inseguros crean la complejidad. Los directivos asustados y nerviosos utilizan libros de planificación muy gruesos y complicados, y diapositivas llenas de todo lo que han aprendido desde su infancia. Los líderes de verdad no necesitan confundir. La gente debe tener confianza en sí misma para ser clara, precisa y estar segura de que cada persona en su organización, desde la más importante a la menos, entiende cuál es el objetivo básico del negocio. Pero no es fácil. Es increíble cuánto cuesta a la gente ser simple; cuánto miedo le da ser sencilla. Le preocupa el hecho de que si son simples, los demás puedan pensar que son tontos. Es justo al revés. La gente con la mente más clara y preparada es la más simple».

Si algo caracterizó a Steve Jobs, fundador de Apple y gran referente empresarial, fue su creencia profunda, casi religiosa, en el principio de la simplicidad: tecnológica, de diseño, conceptual y hasta de gestión operativa. Llegó a despreciar a aquellos ejecutivos que acompañaban sus presentaciones con un Power Point, porque entendía que si alguien necesitaba un apoyo tecnológico para seguir minuciosamente los pasos, es porque no conocía el tema en profundidad. ¡Steve Jobs! ¡Apple! ¡Power Point!... Parece mentira que sea una empresa percibida como un auténtico paradigma de la modernidad la que nos reencuentre con el concepto de simplicidad.

Ken Segall, en su libro *Increíblemente simple*, que es un canto al estilo de dirección de Jobs, hace gráfico de este modo la importancia de la simpleza: «Los seres humanos son muy graciosos. Si les propones una idea, asienten con la cabeza. Si les propones cinco, simplemente se rascan la cabeza». Y constata también, de esta otra forma, la capacidad de Apple para conectar con la gente: «Steve Jobs no presentó el iPod —dice— como un reproductor musical de ciento ochenta y cinco gramos con un disco de cinco gigabytes. Simplemente dijo: "Mil canciones en tu bolsillo". Así es como se comunican los seres humanos y así es como se comunica Apple». Segall culmina su reflexión diciendo que «hablar el lenguaje de los seres humanos es una característica típica de la simplicidad».

Es oportuno que Apple demuestre su inocencia porque la impresión es que la tecnología y la sobreinformación han aumentado la complejidad de tal modo que, a fuerza de irse por las ramas, muchas empresas perdieron de vista el tronco. El tronco es el negocio mismo y algo mucho más importante, el criterio de dirección. Porque, llegados a este punto, vemos con toda claridad que la simplicidad tiene una estrecha relación con el sentido común. Albert Einstein lo decía así: «Todo debe ser tan simple como sea posible, pero no más simple que eso».

La simplicidad es, en definitiva, una cuestión de conocimiento profundo. Pero también de focalización, de entender que la esencia del negocio (Steve Jobs) o del juego (Xavi Hernández) no se puede perder de vista. El fútbol todavía no resolvió una duda crucial de la globalización: si darle prioridad al dinero o a los sentimientos. La empresa tiene aún más dificultades para entenderlo. La voracidad económica, que se empeña en ganar (o en ahorrar) mucho dinero hoy, a veces se aleja de cuestiones esenciales que ponen el mañana en peligro. ¿Cuántas veces las decisiones importantes se toman desde el departamento de contabilidad ignorando criterios esenciales para fortalecer el producto, vitales para cuidar al cliente, imprescindibles, en definitiva, en términos estratégicos? A esas aberraciones se llega con mucha facilidad cuando el sentido común se pierde en una maraña organizativa.

Neymar o la complejidad

Cuentan que Neymar vino a entrenarse en el Real Madrid con quince años y deslumbró a los técnicos, que recomendaron su fichaje con entusiasmo. El jugador pedía una casa para sus abuelos (por un coste aproximado de ochenta mil dólares), pero el departamento de contabilidad no entendió las razones por las cuales un chico de quince años podía llegar gratis y, en cambio, por otro de la misma edad había que pagar ochenta mil dólares. La respuesta es tan simple que ofende a la inteligencia: porque uno es un jugador cualquiera y el otro tiene pinta de ser un crack, de acuerdo con el criterio técnico de los especialistas; esto es, de los que saben del tema. ¿Quién creen que impuso su decisión? Pues aquellos que hacían las cuentas. ¿Cuáles fueron las consecuencias? Que cinco años después Neymar vale sesenta, setenta o, quizá, cien millones de euros. Medido en términos futbolísticos, hablamos de una grandiosa oportunidad perdida; y en términos económicos, el daño es incomprensible.

¿Qué sería lo simple? Que el criterio lo pongan los técnicos (asumiendo, por tanto, los posibles riesgos) y las cuentas las haga contabilidad. Que los problemas se solucionen de uno en uno. Que primero se resuelvan los problemas grandes y luego los más pequeños. Y puedo seguir hasta el infinito recitando verdades de Perogrullo que, sin embargo, son las únicas que no deben perder de vista las organizaciones inteligentes.

Incluso desde una perspectiva economicista, la simplicidad es un buen negocio. En tiempos de escasez, qué mejor recurso podemos emplear que el de hacer más con menos. Quedarnos con lo esencial, si quieren verlo de ese modo, además de eficaz, es barato.

Ser simple es tenerlo claro

Eso sí, separar el grano de la paja implica una gran inversión de tiempo, porque obliga a lo que Bertrand Russell denominaba «la dolorosa necesidad de pensar». Insisto en que, para hacer las cosas fáciles en estos tiempos tan difíciles, es necesario pasar primero por lo más profundo. Si miramos hacia atrás, la simplicidad despoja lo complejo de todo lo que no resulte esencial; si miramos hacia delante, la simplicidad sabrá buscar todos los atajos para alcanzar el objetivo. Ese poder de síntesis que permite ser eficaz en la consecución del objetivo es una extraordinaria característica de los grandes especialistas.

Hay goleadores que son un gran ejemplo. Yo tuve la suerte de jugar con Hugo Sánchez, capaz de marcar treinta y ocho goles en una temporada y todos ellos con un solo toque. Sin necesidad de tener que parar la pelota, de acomodarla, de orientarla… Siempre se encontraba con el balón en el momento justo, en el lugar justo y con el perfil justo. Solo quedaba empujarlo a gol con cualquier superficie reglamentaria del cuerpo: el pie, el muslo, la cabeza, el pecho… En estos casos, la simplicidad se revela como la velocidad punta de la eficacia. Hugo solo complicaba el gol cuando lo celebraba. Meterlo, en su caso, parecía cosa de niños, pero lo cierto es que detrás de esa aparente facilidad había montañas de información, horas y horas de entrenamiento, una concentración salvaje y un claro objetivo.

En estos días Radamel Falcao es un caso equiparable. Tiene muy claro lo que se espera de él, acecha permanentemente el objetivo y casi siempre lo termina encontrando. Nunca un movimiento innecesario, nunca un toque de más, nunca un segundo de distracción. Ese ahorro de tiempo y de energía solo es posible si se focaliza el esfuerzo en lo que es una auténtica misión que guía todos sus movimientos. Y así es como resuelve con facilidad lo más difícil del fútbol: el gol.

Ideas clave

¿Qué es eso de subestimar a Perogrullo? Hay pocas cosas más complejas que arribar a la simplicidad. Es un arte que debemos saber apreciar porque nos descubre lo sustancial, porque nos permite ahorrar energía y tiempo (y en muchos casos dinero) y porque alcanza la belleza de lo esencial. En el mundo del fútbol, donde un jugador debe burlar obstáculos (que son los rivales), encontrar a un compañero (para darle un pase) o buscar la portería (para disparar a gol), hay auténticos genios de la síntesis, y el capítulo se vale de tres célebres jugadores: Raúl, Xavi y Maldini. En el mundo empresarial, Steve Jobs es el gran ejemplo. Son nombres propios ilustres y no puede ser de otra manera, porque hacer fácil lo difícil solo está al alcance de los mejores.

Los líderes de verdad toman siempre el camino recto evitando absurdas complicaciones. En ocasiones no parecen más que atajos descubiertos por el instinto. Pero la facilidad es solo aparente. Para que algo así ocurra, detrás de esas intuiciones tiene que haber mucho conocimiento.

La simplicidad sirve como punto de partida (cuando nos liamos hay que volver a las cosas básicas) y de llegada (marca el objetivo para llegar a lo esencial). No solo es eficaz porque ahorra energía, dinero o tiempo, sino porque, también, nos lleva más lejos.

11

El poder del éxito

Cuando el liderazgo es eficaz, activa el profesionalismo, el optimismo, el espíritu de superación, las conductas solidarias... El éxito también. Así como una derrota tiene el defecto de aproximarnos a la siguiente derrota (por la cadena de consecuencias que produce), la victoria nos acerca a una segunda victoria (porque ese círculo vicioso se hace virtuoso). El «Cholo» Simeone lo dice de forma más simple, o sea, mejor si cabe: «Ganar trae ganar».

Según apuntaba el historiador económico italiano Carlo Maria Cipolla, «sucede a menudo en la vida de los hombres, y también en la historia de las sociedades humanas, que a un golpe de fortuna le siga inexplicablemente toda una serie de sucesivos golpes de fortuna, del mismo modo que ocurre muy a menudo lo contrario: que a una desgracia le sigue toda una serie de nuevas desgracias, como si el pobre infeliz víctima de tales desgracias hubiese sido elegido por un oscuro y nefasto poder sobrenatural por causas destinadas a permanecer ocultas a los ojos del hombre. Que además esto suceda con bastante frecuencia sigue siendo uno de los grandes enigmas de la existencia humana».

Aquí sí que da igual el mérito o la casualidad; lo cierto es que el discurso del líder se fortalece en el triunfo y se debilita en el fracaso. De hecho, un futbolista, cuando está delante de un entrenador, solo ve dos cosas: entrenador fuerte o entrenador débil. El éxito es un gran afrodisíaco que hace creíble un proyecto y a las personas que lo encarnan. Por esa razón, hay especialistas en apoderarse, para sí, de triunfos colectivos. Auténticos caraduras.

El gol no tiene defectos

En el fútbol, el gol es la gran metáfora del éxito. El gran objetivo. Y cuando se consigue, la sensación de culminación dispara las reacciones físicas. ¿O han visto a alguien cansado después de marcar un tanto? Visto así, el gol es el mejor preparador físico que hayamos conocido. También dispara las reacciones psíquicas, porque la sensación de felicidad se proyecta sobre el estado de ánimo general. ¿O han visto a algún equipo deprimido después de conseguir un tanto? Visto de esta manera, el gol es, además, el mejor psicólogo. Pero la sensación de plenitud alcanza, además, a los socios, a los aficionados, a los directivos. ¿O han visto a alguien que se quede fuera de los abrazos cuando se mete un tanto? Visto así, el gol, aunque sea una obra individual, es también el mejor socializador. El gol, en definitiva, no tiene defectos para el equipo que lo marca. Es tan razonable como solo puede serlo un número (1 a 0, por ejemplo), y es tan emocionante como solo puede serlo un grito de alegría. ¿Quién da más? La razón y la emoción dándose la mano.

Muy pocas cosas clarifican mejor el camino que tener clara la meta. El objetivo como diana a la que apuntar, como faro que orienta el esfuerzo, como corolario del trabajo bien hecho, como elemento integrador, como impulsor del optimismo, como reductor de la incertidumbre, como fortalecedor de la confianza...

Las dos porterías

Soy consciente de que hay muchas maneras de alcanzar los objetivos. Hay quien piensa que el camino más corto es marcar la mayor cantidad de goles posibles, y quien cree que lo mejor es impedir que te los hagan. Claro que hay mérito en la defensa heroica, pero la grandeza tiene que ver con la valentía. Hay dos grandes tipos de entrenadores: los que piensan el partido dándole el balón al rival y los que se imaginan el partido dándole el mando a su propio equipo. Son dos maneras de ver el fútbol, la empresa y también la vida. Ser o no ser protagonistas. Los que se dicen «equilibrados» no están en el medio de las dos teorías, sino que, para mi gusto, no están en ningún lado.

En un partido del Mundial de México 1986, en el que la Selección Argentina terminó el primer tiempo ganando por la mínima y especulando más de la cuenta, llegamos al vestuario todavía con el agobio encima. Fue entonces cuando tronó la voz de Maradona: «Todas las tácticas que quieran, pero para adelante. Para atrás, no». Ser grande tiene que ver con esa determinación, con ese coraje para decir y para hacer.

El éxito debe expresar el mérito

Conviene aclararlo porque hay corruptos muy exitosos. Advertí, desde la misma introducción de este libro, que creo en el deporte porque creo en el mérito. Para alcanzar la condición de héroe futbolístico, no hace falta ser hijo de ningún papá en particular, ni amigo de ningún entrenador en especial, ni la debilidad de ningún periodista deportivo… En un estadio hay demasiados testigos como para que se cometa, impunemente, cualquier arbitrariedad. Claro que existe el azar, que es lo que los buenos sienten como una amenaza y los malos como una esperanza. Por supuesto que, al igual que en la vida, existe la fatalidad, que puede cortar de un hachazo todas las ilusiones de alcanzar la gloria. Y también existe, cómo no, eso que llamamos «entorno», un ambiente que puede ayudar o perjudicar la evolución de un futbolista. Pero que nadie se engañe: en el mundo del fútbol, en un porcentaje abrumadoramente alto, conseguimos lo que merecemos en función del talento con que hemos nacido y del esfuerzo que hemos invertido.

Siempre que me ha tocado vivir un momento de culminación en mi carrera profesional, una sensación se impone sobre todas las demás: la satisfacción por el trabajo bien hecho. Hay veces en que la suerte desempeña un papel importante y la alegría se desboca; pero, diga lo que diga la pasión, como le escuché a Arrigo Sacchi en una ocasión, «una victoria sin mérito no es una victoria».

El éxito como estimulante social

El éxito tiene la virtud añadida de ser inspirador. ¿Cuántas alegrías, pero también cuántos campos de golf y cuántos jugadores, le debe España al extraordinario éxito de Severiano Ballesteros en los años ochenta? Emular al ídolo es a lo que juegan millones de niños cada día en el mundo entero. No hablo de dejarse impresionar por el impacto de la popularidad, que está a la alcance de cualquiera. Hablo del poder de la fama (palabra en la que está implícito el prestigio) que se construye con talento, esfuerzo, creatividad, coraje y todos los valores dignos de ser imitados desde la práctica de un deporte. La primera vez que fui testigo de un impacto de ese tipo fue cuando Guillermo Vilas se convirtió en un referente tenístico sin precedentes en la Argentina de los años setenta. De pronto, empezaron a crecer como setas canchas de tenis por todo el país. A lo largo de la carrera de Vilas, miles de canchas y una gran fiebre por el tenis crearon las condiciones para que en el futuro se asegurara la continuidad de la pasión por este deporte. Desde entonces, regularmente, existen tenistas argentinos en lo más alto del circuito. No hay que olvidar que todo comenzó con un hombre, con un ídolo, con un impacto. El éxito es un gran imán.

Los niños españoles de estos días son afortunados porque tienen un amplio abanico de deportistas a los que poder emular: Pau Gasol, Rafa Nadal, Fernando Alonso, Iker Casillas, Andrés Iniesta… Cada vez que estos ídolos se asoman a la televisión con su instrumento (un balón, una raqueta o un coche), se convierten en maestros de miles de niños que los miran con los ojos llenos de admiración. Estos grandes ídolos juegan, ganan, pierden y lo vuelven a intentar… Tienen el privilegio y la responsabilidad de sentirse observados en cada segundo. No solo enseñan a competir, sino que también enseñan a vivir. Por eso es tan importante que el triunfo exprese no solo una superioridad física, técnica y táctica, sino también moral. El éxito tiene que ver con ganar. El éxito responsable tiene que ver con ganar respetando el juego, las normas, los valores, los rivales, el árbitro, el público…

Míster éxito

El milagro del deporte español no solo contribuye a vertebrar la «España invertebrada» de la que hablaba José Ortega y Gasset, sino que también fortalece el orgullo de pertenencia, mejora la marca «España», atenúa los efectos de la crisis… Es difícil elegir entre tantos ejemplos dentro de la larga lista de deportistas españoles que están triunfando en estos días. Pero nadie se podrá extrañar, porque su conducta deportiva y personal es coherente con el contenido de este libro, de que tenga a Rafa Nadal como su mejor exponente. Le he visto en el primer puesto del ránking mundial y también en el segundo, el tercero y hasta el sexto, pero a mí no me cabe ninguna duda de que en cada partido llega a la cima más alta. A su propia cima. Porque lo da todo y, si no le alcanza, pierde con honor. Y es que tener éxito significa, sobre todo, no tener que reprocharse nada.

En las buenas disfruto mucho de sus siempre trabajadas victorias, y en las malas le acompaño como un soldado, porque sigo sintiendo mi orgullo bien representado. Hubo madrugadas en las que le acompañé hasta el último minuto en partidos que jugaba en la otra punta del mundo y en los que se veía, desde mucho antes, que iba a perder. No me importaba. Mi manera de homenajearle es mantenerme a su lado, a altas horas de la noche, solo y en silencio en el salón de mi casa, esperando el final para perder juntos. Porque Nadal es un monumento a la dignidad deportiva. Yo así lo reconozco. Creo que el material del que está hecho Nadal es el material con el que están hechos los grandes ejemplos deportivos.

El mismo Rafa Nadal, en la excelente biografía escrita por John Carlin, explica con claridad lo que significa ser un deportista de élite: «Significa aprender a aceptar que si has de entrenar dos horas, entrenas dos horas; si has de entrenar cinco, entrenas cinco; si tienes que repetir un ejercicio cincuenta mil veces, lo repites. Eso es lo que diferencia a los campeones de los que solo tienen talento. Y todo está directamente relacionado con la mentalidad de los ganadores; mientras das muestras de resistencia, tu cabeza se fortalece. Las cosas que recibes como un regalo, a menos que lleguen con un apego sentimental especial, no se valoran; en cambio, se valora mucho más aquello que se consigue con el propio esfuerzo. Cuanto mayor es el esfuerzo, mayor es el valor».

La gran lección de los deportistas de élite es que desafían los límites todos los días. Pero no hay que llegar hasta el alto rendimiento para encontrar los mejores ejemplos. Al revés, los casos de superación más emocionantes son los protagonizados por aquellos que desafían los límites porque la vida nos les permitió el privilegio de disfrutar de igualdad de oportunidades... Tengo el honor de conocer a Maickel Melamed, un héroe empeñado en contradecir a los médicos desde el día de su nacimiento: primero dijeron que no viviría, y vivió; luego que no caminaría, y caminó. Pero lo que empezó como un desacato a la autoridad de la ciencia terminó en un desafío permanente a los límites cuyo mero relato resulta emocionante. Desde sus treinta y ocho kilos de peso y sus evidentes limitaciones físicas, protagoniza gestas como la de coronar el pico Bolívar, la montaña más alta de Venezuela (con un equipo de héroes como él), o la de correr el maratón de Nueva York (en algo más de quince horas). No se trata de conseguir un objetivo para colgarse una medalla, sino para dejar un mensaje de superación inteligente e inspirador. «No me digas que no, dime cómo», se repite cada vez que toma la decisión de derribar cualquier obstáculo que parece imposible para el más elemental sentido común. Esa invitación a que todo el mundo descubra el potencial escondido me parece extraordinaria. Conocer a Melamed o leer su libro, *Si lo sueñas, haz que pase*, son dos modos de entender que, cuando hay una voluntad apasionada, los límites no son más que molestos contratiempos, aunque parezcan montañas infranqueables.

El escritor francés Romain Rolland, premio Nobel de 1915, fue más contundente: «Un héroe es todo aquel que hace lo que puede». Mi madre no salió más que ocasionalmente del pueblo donde nació. Trabajó dura y honestamente toda su vida y ha sido una columna en la que se apoyó mi familia. ¿Cómo no considerarla una triunfadora? ¿Cómo no considerar triunfadores a millones de personas anónimas que, gracias a su talento, a su talante y a su tenacidad, mejoran la vida de los demás? Eso también se llama éxito, aunque no hayan levantado una Copa en toda su vida. O mejor, precisamente porque no tuvieron el reconocimiento de la Copa, sus esfuerzos cotidianos tienen más valor.

Cuestión de insistencia

Volviendo al fútbol, la verdad es que son muchas más las veces que tiramos la pelota fuera de la portería que las que marcamos gol. El gran valor reside en no tirar la toalla. ¿Quién se anima a decir que no hay éxito en la resistencia a la frustración? La tenacidad es un poder que merecería hacerse un lugar entre los once que he relatado. Tiene la mala suerte de ser un valor antiguo en un mundo que entroniza la modernidad, pero la buena suerte de ser eterno. Conviene no olvidar que las nuevas tecnologías han puesto en valor el conocimiento por encima de la fuerza. Pero sigue sin inventarse nada que sustituya al esfuerzo en la búsqueda del éxito.

Los diez poderes de los que hemos hablado antes de llegar aquí son estaciones de paso que interesan al líder. Pero quiero recordar que, en todo equipo, cada miembro debe sentirse líder, aunque sea de sí mismo. De modo que quien pretenda subir en la escala de la meritocracia necesitará del talento, de la credibilidad, de la pasión, de la esperanza, de la curiosidad, de la humildad, de la simplicidad, del estilo y de la palabra (la principal motivación proviene del diálogo que sostenemos con nosotros mismos). ¿Y el éxito? El éxito nunca es la cima, sino un escalón más, un nuevo punto de partida para seguir el camino con más entusiasmo y confianza. ¡Oh, confianza! Gran palabra para ponerle punto final a un libro sobre liderazgo.

Ideas clave

Última parada: el éxito. En este punto conviene aclarar que no se trata de una vitrina para exhibir ante los demás un logro. Es una íntima satisfacción por haber conseguido el objetivo, es el orgullo por el trabajo bien hecho, es un sentimiento de plenitud porque nuestro esfuerzo ha servido a más gente.

Pero el éxito también es algo útil porque dispara la confianza y la ilusión, y desde esa fortaleza, nos aproxima al siguiente logro. Al premio hay que ir a buscarlo, por eso prefiero los equipos que piden el protagonismo antes que aquellos que esperan pacientemente el error del contrario. La nobleza de los recursos dota al éxito de autoridad moral.

Pero si quieren un himno al éxito, si necesitan un personaje que lo represente del modo más digno, el deporte tiene buenos ejemplos. De todos, yo elegí a Rafa Nadal como símbolo porque su voluntad desafía todos los límites, porque sabe ganar y perder, porque siempre hace y dice lo que debe. Porque el éxito solo tiene sentido si está sostenido por una ética de vida y él lo demuestra de un modo permanente.

Pero no hace falta ir al deporte profesional. El mundo está lleno de héroes anónimos que son un ejemplo silencioso. Y que saben que el éxito nunca es el final del camino, sino un feliz escalón hacia la siguiente conquista.

Epílogo

Con ocasión del centenario del Real Madrid, se encontraron en la capital española los clubes que más Copas de Europa tienen en sus vitrinas: A.C. Milan, Liverpool, Bayern Munich y, por supuesto, el Real Madrid. Dentro de los muchos actos organizados ese año, el Trofeo Centenario debía tener un sabor a historia. En la comida previa al inicio del torneo, los discursos se alargaron porque los traductores no daban abasto: había que llevar las palabras al castellano, al inglés, al italiano y al alemán. Al final, Alfredo Di Stéfano hizo un comentario que generó polémica: «Jugar al fútbol es más fácil que dar discursos». Adriano Galliani, entonces presidente del A.C. Milan, fue el primero en mostrar su desacuerdo: «Un discurso lo puede decir cualquiera, pero jugar en el Bernabéu está al alcance de muy pocos». Pero Alfredo no iba por ahí y remató la discusión: «El fútbol no necesita traducción». Es verdad, se trata de un lenguaje universal que refleja con una extraordinaria simplicidad la era de la mundialización. Un reglamento que entiende cualquier niño de cinco años, unos códigos elementales que conocen los futbolistas de los cinco continentes, unas emociones que igualan edades, razas y clases sociales. Un juego fascinante al alcance de todos. Como cualquier deporte, ayuda a modelar la personalidad y, como todo fenómeno colectivo, nos ayuda a socializarnos. El fútbol es un gran campo de ensayo para analizar al ser humano y un divulgador inigualable, porque sus primeras figuras son ídolos en cualquier punta del mundo y porque «no necesita traducción». Por eso me pareció el vehículo adecuado para trasladar estas ideas sobre liderazgo.

«El fútbol son hombres que juegan», escribió un día el periodista argentino Juan de Biase. Y ahí donde el hombre baja la guardia para jugar aparece su verdadera naturaleza. Lo dije a lo largo del libro: grandezas y miserias. ¿Qué entiendo yo por grandeza cuando hablo de fútbol? Llevar las virtudes y los valores hasta el límite de sus posibilidades. Puede hacerse en cualquier ámbito, en cualquier actividad. Pero como el juego exagera los perfiles, en un campo de fútbol lo percibimos con más claridad. Si elevamos las virtudes, nos reconocerán como triunfadores. Si elevamos los valores, el premio será aún mayor: dirán que somos dignos triunfadores.

Por eso, una vez reconocido el desafío, se trata de jugar limpio y de jugar mejor. Porque competir puede ser una tarea denigrante o enaltecedora. Siempre podemos elegir. En el último capítulo del libro hablamos del éxito como una acumulación de méritos que nos permiten alcanzar el objetivo deseado… hasta que nos planteamos un nuevo objetivo que nos obliga a recomenzar el proceso. Entonces, ¿no tiene fin? Claro que tiene fin, pero no se llama éxito, sino felicidad. Y si no la conseguimos, no hay éxito que merezca la pena. De modo que, ya en mi despedida, le recomiendo que no se deje engañar por las trampas culturales que nos tienden tantas veces y que consisten en hacernos creer que tener éxito es conquistar un lugar y exhibir los logros en sociedad. Márquese un solo objetivo: ser feliz. Me sentiría muy exitoso si estos poderes que acabo de compartir con usted ayudaran a ello.

Agradecimientos

Mi sincera gratitud para aquellos que, siendo invisibles en la lectura del libro, acompañaron su proceso de creación con su conocimiento, entusiasmo y afecto. Si toda obra necesita de un empujón, Gerardo de la Encarnación merece encabezar este reconocimiento porque me dio el primero. Juntos preparamos una conferencia que está en el origen de este libro, porque en ella quedaron definidos los once poderes que permitieron sentar las bases de todo el contenido. Sus conocimientos y su rigor ético siempre resultaron inspiradores. También a José Suárez y, en su nombre, a todos aquellos que, sabiendo de mi proyecto, lo enriquecieron con sus comentarios. Por supuesto, a Jorge Valdano, y no porque me haya vuelto loco, sino porque tengo un hijo que, casualidades de la vida, se llama así. Respeto tanto su criterio que, en ocasiones, parece mi padre. No hay una sola coma de este libro que él no haya bendecido. Naiara, mi otra hija, ayudó con su maravilloso sentido práctico a resolver todo aquello de lo que me siento incapaz.

Este libro es deudor de mucha más gente, como es fácil concluir tras su lectura. Todo aquel que aportó una frase, que participó de una anécdota o que me regaló un ejemplo de vida merece mi más sincero reconocimiento por resultar inspirador de, al menos, parte de su contenido.

Mi último recuerdo es para Carlos Martínez, que en su condición de editor aceleró el proceso final (el más costoso porque atañe a los detalles) con entusiasmo y profesionalidad.

Y, como siempre, para Marta, que no necesita un porqué.